Éditions DIASPORAS NOIRES
www.diasporas-noires.com

©Emmanuel Ngombet 2020
ISBN version numérique : 9782490931101
ISBN version imprimée : 9782490931118
Date de publication numérique : 22 Juin 2020

Mentions légales

Emmanuel NGOMBET DITUNGA OTSARO

LES ÉTATS AFRICAINS UNIS

L'ETAT FÉDÉRAL AFRICAIN

Essai

Collection Savoirs

SOMMAIRE

Avant-propos

La cloche sonne, le temps de la bascule. Le monde change et de nouveaux possibles sont là. La cloche sonne, le moment (Tangu ifouéni) de créer l'état fédéral africain.

La cloche (Ngungâ) sonne encore pour UNIR de nouveau cette Afrique morcelée et pour RASSEMBLER cette peau noire, éparpillée aux quatre coins du monde.

Rassembler (Konguéla) de nouveau, autour du centre (n'zita dia n'za), qu'est le Kongo, territoire actuel de l'Angola et des deux Congo, RDC et RC, en y ajouter le Moyen-Congo, étendu jusqu'aux Grands Lacs.
Rassembler les terres du Bornou, du Monomotapa, d'Éthiopie, du Sonrhaï.
Le temps de la bascule annonce la fin des micro-États, tels que définis à la conférence de Berlin et tracés aux indépendances.
Le moment est venu de créer les États-Unis d'Afrique (les États Africains Unis) pour accomplir la volonté des peuples.
Nos chefs d'État se complaisent de cette situation des micro-états (où ils sont ROIS et puissants) et se contentent du confort de la parité fixe à l'euro (pourquoi pas au dollar, au yuan chinois) ?

La parité fixe maintient l'inflation monétaire dans les faibles proportions, mais ne fait pas éclore la croissance, qui reste une nécessité économique du développement.

Le problème, qu'ils ne perçoivent pas ou qu'ils s'efforcent d'ignorer dans cette posture, est que les temps ont changé. Cette sorte d'extension du FCFA à l'ensemble des pays de l'Afrique de l'Ouest est mal digérée par la jeunesse africaine, qui le ressent comme une prolongation de l'esclavage colonial de l'empire français, mais plus grave de toute l'Europe sur l'Afrique.

Bien que libres, les anciens esclaves ne souhaitent pas quitter le confort de la plantation du maître et préfèrent continuer à y monnayer leur force de travail, abondante et bon marché.
La naissance de l'état fédéral mettra fin au débat, car la monnaie unique dudit état est une condition de son existence

Préface

J'ai durant ces vingt dernières années, investi toute mon énergie à la libération de l'homme noir, de l'esclavage mental engendré par la violence de la colonisation et les guerres saintes (croisades et Jihad) ayant conduit à imposer par la domination, le christianisme et l'islam aux nations négro-africaines

Les drones (tout est surveillé et tracé par les étrangers), les maladies des laboratoires (SIDA et EBOLA, inoculés par vaccin), les centrales nucléaires (clé en mains et à crédit à long terme) sont autant de facteurs qui prédisposent à l'occupation des terres avec la bénédiction de nos propres dirigeants.

La fuite des cerveaux vers l'occident et l'extinction des élites par les prédateurs occidentaux et par nous-mêmes, sont autant de facteurs qui vont CONCOURIR à un nouvel esclavage voire à un génocide de l'homme noir africain

Et, j'ai été sollicité, à travers ce manuscrit, à m'imprégner de la démarche de création des États-Unis de l'Afrique, par une initiative de la société civile et les citoyens.

Le drapeau des USOA, basé sur la spirale d'OR, étoilé, aux couleurs de l'arc-en-ciel, le sceau solaire, l'écusson à l'œil d'Horus, le refrain de l'hymne de l'union psalmodié par les citoyens en position 11 du 'Kemet Sun Salutation', m'ont conduit à cet autre nouveau possible pour toute l'Afrique. Le drapeau USOA est une œuvre magnifique, du grand ART.

La constitution des réserves d'or, en business privé à rentabiliser, le projet EAU DOUCE transportée jusque dans les terres arides du continent, ainsi que la prospective de construction d'une réplique de la pyramide SAQQARA (pôles des SAVOIRS et pôles universitaires), m'ont définitivement convaincu que l'Afrique sera l'avenir désirable de l'humanité, comme elle en a été le berceau.

Arsène Francoeur NGANGA
Enseignant-chercheur en histoire / Université Marien NGOUABI actuellement (en 2019-2020) en résidence d'écriture à Brown University, Rhode Islands USA.

1. Les États Africains du continent et l'outre-mer

Le citoyen et la société civile vont pousser à la création d'un embryon d'état fédéral africain, des états d'Afrique, avant qu'il ne soit étendu aux afrodescendants d'outre-mer.

Les Africains doivent très vite, passer de la plainte, à la contestation, de l'incantation à l'action et plus encore à l'anticipation.

En 2020, la société civile e les citoyens vont débattre de la faisabilité et l'opportunité de procéder, solennellement, à la création symbolique des États-Unis d'Afrique, E.U.A, les États Africains Unis, E.A.U.

Les États-Unis d'Afrique/EUA (les États Africains Unis/EAU), va rendre caduc le débat des critères de convergence des micro-États, car la monnaie unique est un des 'piliers et fondements' de l'existence de cette union des nations.

Pouvons-nous, anticiper notre devenir commun ?
Initialiser la collecte de l'épargne publique et privée (celle du citoyen devenant actionnaire / acteur) pour la constitution des RÉSERVES D'OR et de DEVISES, nécessaires à la création de la monnaie unique, de l'État Fédéral Africain.

Définir nous-mêmes, 'les piliers et fondements', politiques et économiques, de cette union des États Africains.

2. La constitution des USOA (EUA)

PRÉAMBULE

Nous, Peuples des 55 pays actuels d'Afrique (Afrique du Sud, Algérie, Angola, Bénin, Botswana, Burkina Faso, Burundi, Cameroun, Cap-Vert, Centrafrique, Comores, RCongo, RDCongo, Côte d'Ivoire, Djibouti, Égypte, Érythrée, Gabon, Gambie, Ghana, Guinée-Conakry, Guinée-Bissau, Guinée Équatoriale, Kenya, Lesotho, Libéria, Libye, Madagascar, Malawi, Mali, Maroc, Maurice, Mauritanie, Mozambique, Namibie, Niger, Nigeria, Ouganda, Rwanda, São Tomé et Príncipe, Sénégal, Seychelles, Sierra Leone, Somalie, Somaliland, Soudan, Soudan du Sud, Swaziland, Tanzanie, Tchad, Togo, Tunisie, Zambie, Zimbabwe), en vue de former une Union plus parfaite, d'établir la justice, de faire régner la paix intérieure, de pourvoir à la défense commune, de développer le bien-être général et d'assurer les bienfaits de la liberté à nous-mêmes et à notre postérité, nous décrétons et établissons cette Constitution pour les États-Unis d'Afrique.

ARTICLE PREMIER

Section 1.
Tous les pouvoirs législatifs accordés par cette Constitution seront attribués à un Congrès **des États-Unis d'Afrique**, qui sera composé d'un Sénat et d'une Chambre des représentants (députés).

Section 2.

La Chambre des représentants (députés) sera composée de membres choisis tous les trois ans par le peuple des différents États ; dans chaque État les électeurs devront répondre aux conditions requises pour être électeur à l'assemblée la plus nombreuse de la législature de cet État.

Nul ne pourra être représentant s'il n'a atteint l'âge de vingt-cinq ans, s'il n'est citoyen d'un des états depuis sept ans et s'il ne réside, au moment de l'élection, dans l'État où il doit être élu.

Les représentants et les impôts directs seront répartis entre les différents États qui pourront faire partie de cette Union, à part égale quel que soit le nombre de leurs habitants. Le recensement (par bornes électroniques) sera effectué dans les deux ans qui suivront la première réunion du Congrès, et ensuite tous les dix ans, de la manière qui sera fixée par la loi.

Lorsque des vacances se produiront dans la représentation d'un État, le pouvoir exécutif de cet État fera procéder à des élections pour y pourvoir.

La Chambre des représentants choisira son président (présidence tournante dans l'ordre alphabétique de citation des états) et les autres membres de son bureau (15 au total, soit un par état), et elle détiendra seule le pouvoir de mise en accusation devant le Sénat.

Section 3.

Le Sénat des États-Unis d'Afrique sera composé de deux sénateurs pour chaque État, choisis pour six ans par la législature de chacun, et chaque sénateur disposera d'une voix.

Dès qu'ils seront réunis à la suite de la première élection, les sénateurs seront divisés aussi également que possible en trois groupes. Les sièges des sénateurs du premier groupe seront déclarés vacants à l'expiration de la deuxième année, ceux du second groupe à l'expiration de la quatrième année et ceux du troisième groupe à l'expiration de la sixième année, de telle sorte qu'un tiers puisse être renouvelé tous les deux ans ; et si des vacances se produisent, par démission ou autrement, en dehors des sessions législatives d'un État, le pouvoir exécutif de cet État peut procéder à des nominations temporaires jusqu'à la réunion suivante de la législature, qui pourvoira alors à ces vacances.

Nul ne pourra être sénateur s'il n'a atteint l'âge de trente ans, s'il n'est pas depuis neuf ans, citoyen des États-Unis d'Afrique et s'il ne réside, au moment de l'élection, dans l'État pour lequel il est élu.

Le vice-président des États-Unis d'Afrique sera président du Sénat, mais n'aura pas de droit de vote, à moins d'égal partage des voix du Sénat.

Le Sénat choisira les autres membres de son bureau, ainsi qu'un président temporaire, en cas d'absence du vice-président des États-Unis d'Afrique, ou lorsque celui-ci sera appelé à exercer les fonctions de président des États-Unis d'Afrique.

Le Sénat aura seul le pouvoir de juger les personnes mises en accusation par la Chambre des représentants. Lorsqu'il siégera à cet effet, les sénateurs prêteront serment ou feront une déclaration solennelle.

En cas de jugement du président des États-Unis d'Afrique, le président de la Cour suprême présidera. Nul ne pourra être déclaré coupable que par un vote des deux tiers des membres présents.

Les condamnations prononcées en cas d'« impeachment » ne pourront excéder la destitution et l'interdiction d'occuper tout poste de confiance ou d'exercer toute fonction honorifique ou rémunérée des États-Unis d'Afrique ; mais la partie condamnée sera néanmoins responsable et sujette à accusation, procès, jugement et condamnation suivant le droit commun.

Section 4.

L'époque, le lieu et la procédure des élections des sénateurs et des représentants seront déterminés dans chaque État par la législature de cet État ; le Congrès peut toutefois, à tout moment, déterminer ou modifier par une loi les règles des élections, à l'exception de celles relatives au lieu des élections des sénateurs.

Le Congrès se réunira au moins une fois par an, le premier lundi de décembre, à moins que, par une loi, il ne fixe un jour différent.

Section 5.

Chaque Chambre sera juge de l'élection de ses membres, du nombre de voix qu'ils ont obtenues et de leur éligibilité ; la majorité, dans chaque Chambre, sera nécessaire pour que les délibérations soient valables ; mais un nombre inférieur pourra ajourner la séance de jour en jour et pourra être autorisé à exiger la présence des membres absents par tels moyens et sous telles pénalités que la Chambre pourra décider.

Chaque Chambre peut établir son règlement intérieur, prendre des sanctions contre ses membres pour conduite contraire au bon ordre et, à la majorité des deux tiers, prononcer l'expulsion de l'un d'entre eux.

Chaque Chambre tiendra un procès-verbal de ses débats et le publiera de temps à autre, à l'exception des parties qui lui sembleraient requérir le secret ; les votes pour et les votes contre des membres de chacune des Chambres sur une question quelconque seront, à la demande d'un cinquième des membres présents, consignés dans le procès-verbal.

Aucune des deux Chambres ne pourra, durant une session du Congrès et sans le consentement de l'autre Chambre, s'ajourner pour plus de trois jours, ni se transporter en aucun autre lieu que celui où les deux Chambres siégeront.

Section 6.
Les sénateurs et représentants percevront une indemnité qui sera fixée par la loi et payée par le Trésor des États-Unis d'Afrique.
En aucun cas autres que ceux de trahison, crime ou atteinte à la paix publique, ils ne pourront être arrêtés durant leur participation aux sessions de leur Chambre, ni lorsqu'ils se rendront à une session de cette Chambre ou en reviendront ; ils ne pourront être inquiétés en aucun lieu pour leurs discours ou discussions dans l'une quelconque des Chambres.
Aucun sénateur ou représentant ne pourra, durant la période pour laquelle il a été élu, être nommé à une fonction civile relevant de l'autorité des États-Unis d'Afrique, qui aurait été créée ou dont le traitement aurait été augmenté durant cette période ; aucune personne occupant une charge relevant de l'autorité des États-Unis d'Afrique ne sera membre de l'une des deux Chambres tant qu'elle exercera ces fonctions.

Section 7.

Tous projets de loi comportant la levée d'impôts émaneront de la Chambre des représentants ; mais le Sénat pourra proposer ou accepter des amendements à y apporter comme aux autres projets de loi.

Tout projet de loi adopté par la Chambre des représentants et par le Sénat devra, avant d'acquérir force de loi, être soumis au président des États-Unis.

Si celui-ci l'approuve, il le signera ; sinon il le renverra, avec ses objections, à la Chambre dont il émane, laquelle insérera les objections in extenso dans son procès-verbal et procédera à un nouvel examen du projet. Si, après ce nouvel examen, le projet de loi réunit en sa faveur les voix des deux tiers des membres de cette Chambre, il sera transmis, avec les objections qui l'accompagnaient, à l'autre Chambre, qui l'examinera également de nouveau, et, si les deux tiers des membres de celle-ci l'approuvent, il aura force de loi. En pareil cas, les votes des deux Chambres seront acquis par oui et par non, et les noms des membres votant pour et contre le projet seront portés au procès-verbal de chaque Chambre respectivement. Tout projet non renvoyé par le président dans les dix jours (dimanche non compris) qui suivront sa soumission deviendra loi comme si le président l'avait signé, à moins que le Congrès n'ait, par son ajournement, rendu le renvoi impossible ; auquel cas le projet n'acquerra pas force de loi.

Tous ordres, résolutions ou votes, pour l'adoption desquels l'accord du Sénat et de la Chambre des représentants peut être nécessaire (sauf en matière d'ajournement), seront représentés au président des États-Unis d'Afrique, et, avant de devenir exécutoires, approuvés par lui, ou, en cas de dissentiment de sa part, adoptés de nouveau par les deux tiers du Sénat et de la Chambre des représentants, conformément aux règles et sous les réserves prescrites pour les projets de loi.

Section 8.

Le Congrès aura le pouvoir :

De lever et de percevoir des taxes, droits, impôts, de payer les dettes et pourvoir à la défense commune et à la prospérité générale des États-Unis d'Afrique ; mais lesdits droits, impôts seront uniformes dans toute l'étendue des États-Unis d'Afrique ;

De faire des emprunts sur le crédit des États-Unis d'Afrique ;

De réglementer le commerce avec les nations étrangères, entre les divers États ;

D'établir une règle uniforme de naturalisation et des lois uniformes au sujet des faillites applicables dans toute l'étendue des États-Unis d'Afrique ;

De battre monnaie, d'en déterminer la valeur et celle de la monnaie étrangère, et de fixer l'étalon des poids et mesures ;

D'assurer la répression de la contrefaçon des effets et de la monnaie en cours aux États-Unis d'Afrique ;

D'établir des bureaux et des routes de postes ;

De favoriser le progrès de la science et des arts utiles, en assurant, pour un temps limité, aux auteurs et inventeurs le droit exclusif à leurs écrits/découvertes respectifs ;

De constituer des tribunaux inférieurs à la Cour suprême ;

De définir et punir les pirateries et crimes commis en haute mer et les atteintes à la loi des nations ;

De négocier pour éviter la guerre autant que possible, d'accorder des lettres de marque et de représailles, et d'établir des règlements concernant les prises sur terre et sur mer ;

De lever et d'entretenir des armées, sous réserve qu'aucune affectation de crédits à cette fin ne s'étende sur plus de deux ans ;

De créer et d'entretenir une marine, utilisable à toute fin y compris écologique ;

D'établir des règlements pour le commandement et la discipline des forces de terre et de mer ;

De pourvoir à la mobilisation de la police pour assurer l'exécution des lois de l'Union, réprimer les insurrections et repousser les invasions ;

D'organiser un service civique UNIVERSEL d'une année (12 mois), dans toutes les branches d'activité (armée, santé, éducation, agriculture, nettoyage d'utilité publique), au profit des jeunes ayant atteint l'âge légal (18 ans)

De pourvoir à l'organisation, l'armement et la discipline de la force publique, et au commandement de telle partie de celle qui serait employée au service des États-Unis, en réservant aux États respectivement la nomination des officiers et l'autorité nécessaire pour instruire cette selon les règles de discipline prescrites par le Congrès ;

D'exercer le droit exclusif de législation, en toute matière, sur tel district (d'une superficie n'excédant pas 10 milles au carré) qui, par cession d'États particuliers et sur acceptation du Congrès, sera devenu le siège du gouvernement des États-Unis d'Afrique et d'exercer semblable autorité sur tous lieux acquis, avec le consentement de la législature de l'État dans lequel ils seront situés, pour l'érection de camps, dépôts, arsenaux, chantiers navals et autres constructions nécessaires ;

Et de faire toutes les lois qui seront nécessaires et

convenables pour mettre à exécution les pouvoirs ci-dessus mentionnés et tous autres pouvoirs conférés par la présente Constitution au gouvernement fédéral des États-Unis d'Afrique ou à l'un quelconque de ses départements ou de ses fonctionnaires.

Section 9.
L'immigration que l'un quelconque des États actuellement existants jugera convenable d'admettre ne pourra être prohibée par le Congrès, mais un impôt ou un droit n'excédant pas 10 dollars par tête pourra être levé sur cette immigration.
Le privilège de l'ordonnance d'habeas corpus ne pourra être suspendu, sauf dans les cas de rébellion ou d'invasion, où la sécurité publique pourrait l'exiger.

Aucun décret de confiscation, ou aucune loi rétroactive ne sera promulgué.
Nulle capitation ni autre taxe directe ne sera levée, si ce n'est proportionnellement au recensement ou dénombrement ci-dessus ordonné.

Ni taxes, ni droits ne seront levés sur les articles exportés d'un État quelconque.

Aucune préférence ne sera accordée par un règlement commercial ou fiscal aux ports d'un État sur ceux d'un autre ; et nul navire à destination ou en provenance d'un État ne sera assujetti à des formalités ou des droits d'entrée, de sortie ou de douane dans un autre.

Aucune somme ne sera prélevée sur le Trésor, si ce n'est en vertu d'affectations de crédits stipulées par la loi ; un état et un compte réguliers de toutes les recettes et dépenses des deniers publics seront publiés de temps à autre.

Aucun titre de noblesse ne sera conféré par les États-Unis d'Afrique, et aucune personne qui tiendra d'eux une charge de profit ou de confiance ne pourra, sans le consentement du Congrès, accepter des présents, émoluments, charges ou titres quelconques, d'un roi, prince ou État étranger.

Section 10.
Aucun État ne pourra être partie prenante d'un traité ou d'une alliance ou d'une Confédération ; accorder des lettres de marque et de représailles ; battre monnaie ; émettre du papier-monnaie, donner cours légal, pour le paiement de dettes, à autre chose que la monnaie d'or ou d'argent ; promulguer aucun décret de confiscation, aucune loi rétroactive ou qui porterait atteinte aux obligations résultant de contrats ; ni conférer des titres de noblesse.

Aucun État ne pourra, sans le consentement du Congrès, lever des impôts ou des droits sur les importations ou les exportations autres que ceux qui seront absolument nécessaires pour l'exécution de ses lois d'inspection, et le produit net de tous les droits ou impôts levés par un État sur les importations ou les exportations sera affecté à l'usage du Trésor des États-Unis ; et toutes ces lois seront soumises à la révision ou au contrôle du Congrès.

Aucun État ne pourra, sans le consentement du Congrès, lever des droits de tonnage, entretenir des troupes ou des navires de guerre en temps de paix, conclure des accords ou des pactes avec un autre État ou une puissance étrangère, ni entrer en guerre, à moins qu'il ne soit effectivement envahi ou en danger trop imminent pour permettre le moindre délai.

ARTICLE II

Section 1.
Le pouvoir exécutif sera conféré à un président. Le président des États-Unis d'Afrique. Il restera en fonction pendant une période de quatre ans et sera, ainsi que le vice-président choisi (il est issu d'un état différent de celui du président) pour la même durée, élu comme suit :

La présidence est tournante par ordre alphabétique de la liste des états. Dans le sens inverse de l'ordre alphabétique de la liste des états, la vice-présidence est tournante.

Les treize autres fonctions les plus importantes, dans l'ordre protocolaire, sont aussi soumises à cette rotation, de telle façon que chaque état dispose d'une fonction au plus sommet de l'organisation fédérale.

L'élection des 15 premières personnalités se fait au suffrage universel direct, par voie électronique, à travers des bornes numériques. L'élection se déroule durant 48 heures d'affilée NON-STOP, décompte à temps réel et compilation automatique à l'organe chargé de la publication des résultats.

À chaque législature et suivant le principe de la rotation tournante, chaque état, peut organiser des primaires pour désigner son (ses) candidat(s) avec un maximum de trois, appeler à concourir au suffrage universel pour la fonction qui lui réservée.

Toute personnalité, exerçant une des quinze fonctions les plus importantes au niveau fédéral (Président, Vice-Président, Président du Sénat,...), candidat à sa propre succession ou à une autre fonction, devra préalablement démissionner, avant la date fixée pour le début de la campagne électorale.
Il sera remplacé par son adjoint dans l'ordre protocolaire. Personne ne peut battre campagne en étant en exercice dans les fonctions officielles, ni utiliser les moyens d'état à son profit d'une manière détournée.
L'équité et l'égalité, obligent de mettre les candidats au même niveau de citoyenneté

Section 2.

Le président sera commandant en chef de l'armée et de la marine des États-Unis d'Afrique, et de la police des divers États quand celle-ci sera appelée au service actif au niveau fédéral. Il pourra exiger l'opinion, par écrit, du principal fonctionnaire de chacun des départements exécutifs sur tout sujet relatif aux devoirs de sa charge. Il aura le pouvoir d'accorder des sursis et des grâces pour crimes contre les États-Unis, sauf dans les cas d'« impeachment ».
Il aura le pouvoir, sur l'avis et avec le consentement du Sénat, de conclure des traités, sous réserve de l'approbation des deux tiers des sénateurs présents. Il proposera au Sénat et, sur l'avis et avec le consentement de ce dernier, nommera les ambassadeurs, les autres ministres publics et les consuls, les

juges à la Cour suprême, et tous les autres fonctionnaires des États-Unis dont la nomination n'est pas prévue par la présente Constitution, et dont les postes seront créés par la loi.

Mais le Congrès pourra, lorsqu'il le jugera opportun, confier au président seul, aux cours de justice ou aux chefs des départements, la nomination de certains fonctionnaires inférieurs.

Le président aura le pouvoir de pourvoir à toutes vacances qui viendraient à se produire entre les sessions du Sénat, en accordant des commissions qui expireront à la fin de la session suivante.

Section 3.

Le président informera le Congrès, de temps à autre, de l'état de l'Union, et recommandera à son attention telles mesures qu'il estimera nécessaires et expédientes. Il pourra, dans des circonstances extraordinaires, convoquer l'une ou l'autre des Chambres ou les deux à la fois, et en cas de désaccord entre elles sur la date de leur ajournement, il pourra les ajourner à tel moment qu'il jugera convenable. Il recevra les ambassadeurs et autres ministres publics. Il veillera à ce que les lois soient fidèlement exécutées, et commissionnera tous les fonctionnaires des États-Unis.

Section 4.

Le président, le vice-président et tous les fonctionnaires civils des États-Unis d'Afrique seront destitués de leurs charges sur mise en accusation et condamnation pour trahison, corruption ou autres crimes et délits majeurs.

ARTICLE III

Section 1.

Le pouvoir judiciaire des États-Unis d'Afrique sera conféré à une Cour suprême et à telles cours inférieures dont le Congrès pourra de temps à autre ordonner l'institution. Les juges de la Cour suprême et des cours inférieures conserveront leurs charges aussi longtemps qu'ils en seront dignes et percevront, à échéances fixes, une indemnité qui ne sera pas diminuée tant qu'ils resteront en fonction.

Section 2.

Le pouvoir judiciaire s'étendra à tous les cas de droit et d'équité ressortissants à la présente Constitution, aux lois des États-Unis d'Afrique, aux traités déjà conclus, ou qui viendraient à l'être sous leur autorité ; à tous les cas concernant les ambassadeurs, les autres ministres publics et les consuls ; à tous les cas relevant de l'Amirauté et de la juridiction maritime ; aux différends auxquels les États-Unis d'Afrique seront partie prenante ; aux différends entre deux ou plusieurs États, entre un État et les citoyens d'un autre, entre citoyens de différents États, entre citoyens d'un même État revendiquant des terres en vertu de concessions d'autres États, entre un État ou ses citoyens et des États, citoyens ou sujets étrangers.

Dans tous les cas concernant les ambassadeurs, les autres ministres publics et les consuls, et ceux auxquels un État sera partie prenante, la Cour suprême aura juridiction de première instance sur la date de leur ajournement, elle aura juridiction d'appel, et pour le droit et pour le fait, sauf telles exceptions et conformément à tels règlements que le Congrès aura établis.

Tous les crimes, sauf dans les cas d'« impeachment », seront jugés par un jury. Le procès aura lieu dans l'État où lesdits crimes auront été commis, et, quand ils ne l'auront été dans aucun, en tels lieu ou place que le Congrès aura fixés par une loi.

Section 3.

Le crime de trahison envers les États-Unis ne consistera que dans l'acte de faire la guerre contre eux, ou de se ranger du côté de leurs ennemis en leur donnant aide et secours. Nul ne sera convaincu de trahison, si ce n'est sur la déposition de deux témoins du même acte manifeste, ou sur son propre aveu en audience publique.

Le Congrès aura le pouvoir de fixer la peine en matière de trahison, mais aucune condamnation de ce chef n'entraînera ni mort civile, ni confiscation de biens, sauf pendant la vie du condamné.

ARTICLE IV

Section 1.

Pleine foi et crédit seront accordés, dans chaque État, aux actes publics, minutes et procès-verbaux judiciaires de tous les autres États. Et le Congrès pourra, par des lois générales, prescrire la manière dont la validité de ces actes, minutes et procès-verbaux sera établie, ainsi que leurs effets.

Section 2.

Les citoyens de chaque État auront droit à tous les privilèges et immunités des citoyens dans les divers États.

Toute personne qui, accusée, dans un État, de trahison, félonie ou autre crime, se sera dérobée à la justice par la fuite et sera trouvée dans un autre État, devra, sur la demande de l'autorité exécutive de l'État d'où elle aura fui, être livrée pour être ramenée dans l'État ayant juridiction sur le crime.

Une personne qui, tenue à un service ou travail dans un État en vertu des lois y existant, s'échapperait dans un autre, ne sera libérée de ce service ou travail en vertu d'aucune loi ou réglementation de cet autre État, mais sera livrée sur la revendication de la partie à laquelle le service ou travail pourra être dû.

Section 3.

De nouveaux États peuvent être admis par le Congrès dans l'Union ; mais aucun nouvel État ne sera formé ou érigé sur le territoire soumis à la juridiction d'un autre État, ni aucun État formé ; par la jonction de deux ou de plusieurs États, ou parties d'État, sans le consentement des législatures des États intéressés, aussi bien que du Congrès.

Le Congrès aura le pouvoir de disposer du territoire ou de toute autre propriété appartenant aux États-Unis, et de faire à leur égard toutes lois et tous règlements nécessaires ; et aucune disposition de la présente Constitution ne sera interprétée de manière à préjudicier aux revendications des États-Unis d'Afrique ou d'un État particulier.

Section 4.

Les États-Unis d'Afrique garantiront à chaque État de l'Union une forme républicaine de gouvernement, protégeront chacun d'eux contre l'invasion et, sur la demande de la législature ou de l'exécutif (quand la législature ne pourra être réunie), contre toute violence intérieure.

ARTICLE V

Le Congrès, quand les deux tiers des deux Chambres l'estimeront nécessaire, proposera des amendements à la présente Constitution ou, sur la demande des législatures des deux tiers des États, convoquera une convention pour en proposer ; dans l'un et l'autre cas, ces amendements seront valides à tous égards comme faisant partie intégrante de la présente Constitution, lorsqu'ils auront été ratifiés par les législatures des trois quarts des États, ou par des conventions dans les trois quarts d'entre eux, selon que l'un ou l'autre mode de ratification aura été proposé par le Congrès.

Sous réserve que nul amendement qui serait adopté ne puisse en aucune façon affecter la première et la quatrième clause de la neuvième section de l'Article premier, et qu'aucun État ne soit, sans son consentement, privé de l'égalité de suffrage au Sénat.

ARTICLE VI

Toutes dettes contractées et tous engagements pris avant l'adoption de la présente Constitution seront aussi valides à l'encontre des États-Unis d'Afrique dans le cadre de la présente Constitution.

La présente Constitution, ainsi que les lois des États-Unis d'Afrique qui en découleront, et tous les traités déjà conclus, ou qui le seront, sous l'autorité des États-Unis d'Afrique, seront la loi suprême du pays ; et les juges dans chaque État seront liés par les susdits, nonobstant toute disposition contraire de la Constitution ou des lois de l'un quelconque des États.

Les sénateurs et représentants susmentionnés, les membres des diverses législatures des États et tous les fonctionnaires exécutifs et judiciaires, tant des États-Unis d'Afrique que des divers États, seront tenus par serment ou affirmation de défendre la présente Constitution ; mais aucune profession de foi religieuse ne sera exigée comme condition d'aptitude aux fonctions ou charges publiques sous l'autorité des États-Unis d'Afrique.

ARTICLE VII

La ratification, des conventions de neuf États sur quinze, sera suffisante pour l'établissement de la présente Constitution entre les États qui l'auront ainsi ratifiée.

Adopté le

Le congrès constitutif

AMENDEMENTS SUGGÉRÉS

ARTICLE PREMIER

Le Congrès ne fera aucune loi qui touche l'établissement ou interdise le libre exercice d'une religion, ni qui restreigne la liberté de la parole ou de la presse, ou le droit qu'a le peuple de s'assembler paisiblement et d'adresser des pétitions au gouvernement pour la réparation des torts dont il a, à se plaindre.

ARTICLE II

Une police bien organisée étant nécessaire à la sécurité d'un État libre.
Le droit qu'a le peuple de détenir et de porter des armes pour se défendre sera remis à la force publique dans les termes de l'organisation d'un état de droit.

ARTICLE III

Aucun soldat ne sera, en temps de paix, logé dans une maison sans le consentement du propriétaire, ni en temps de guerre, si ce n'est de la manière prescrite par la loi.

ARTICLE IV

Le droit des citoyens d'être garantis dans leurs personnes, domicile, papiers et effets, contre les perquisitions et saisies non motivées ne sera pas violé, et aucun mandat ne sera délivré, si ce n'est sur présomption sérieuse, corroborée par serment ou affirmation, ni sans qu'il décrive particulièrement le lieu à fouiller et les personnes ou les choses à saisir.

ARTICLE V

Nul ne sera tenu de répondre d'un crime capital ou infamant sans un acte de mise en accusation, spontané ou provoqué, d'un Grand Jury, sauf en cas de crimes commis pendant que l'accusé servait dans les forces terrestres ou navales, ou dans la police, en temps de guerre ou de danger public ;

Nul ne pourra pour le même délit être deux fois menacé dans sa vie ou dans son corps ;

Nul ne pourra, dans une affaire criminelle, être obligé de témoigner contre lui-même, ni être privé de sa vie, de sa liberté ou de ses biens sans procédure légale régulière ; nulle propriété privée ne pourra être réquisitionnée dans l'intérêt public sans une juste indemnité.

ARTICLE VI

Dans toutes poursuites criminelles, l'accusé aura le droit d'être jugé promptement et publiquement par un jury impartial de l'État et du district ou le crime aura été commis.

le district ayant été préalablement délimité par la loi - d'être instruit de la nature et de la cause de l'accusation, d'être confronté avec les témoins à décharge, d'exiger par des moyens légaux la comparution de témoins à charge, et d'être assisté d'un conseil pour sa défense.

ARTICLE VII

Dans les procès de droit commun où la valeur en litige excédera vingt dollars, le droit au jugement par un jury sera observé, et aucun fait jugé par un jury ne sera examiné de nouveau dans une cour des États-Unis d'Afrique, autrement que selon les règles du droit commun.

ARTICLE VIII

Des cautions excessives ne seront pas exigées, ni des amendes excessives imposées, ni des châtiments cruels et exceptionnels infligés.

ARTICLE IX

L'énumération de certains droits dans la Constitution ne pourra être interprétée comme déniant ou restreignant d'autres droits conservés par le peuple.

ARTICLE X

Les pouvoirs qui ne sont pas délégués aux États-Unis d'Afrique par la Constitution, ni refusés par elle aux États, sont conservés par les États respectivement t/ou par le peuple.

ARTICLE XI

Le pouvoir judiciaire des États-Unis d'Afrique ne sera pas interprété comme s'étendant à un procès de droit ou d'équité entamé ou poursuivi contre l'un des États par des citoyens d'un autre État, ou par des citoyens ou sujets d'un État étranger.

ARTICLE XII

Les électeurs se réuniront dans leurs États respectifs et voteront par voie électronique (et bulletin en confirmation) pour le président et le vice-président, dont l'un au moins n'habitera pas le même État qu'eux.

Ils indiqueront sur des bulletins séparés le nom de la personne qu'ils désirent élire président et de celle qu'ils désirent élire vice-président. Ils dresseront des listes distinctes de toutes les personnes qui auront obtenu des voix pour la présidence, de toutes celles qui en auront obtenu pour la vice-présidence, et du nombre de voix recueillies par chacune d'elles.

Ils signeront ces listes, les certifieront et les transmettront, scellées, au siège du gouvernement des États-Unis d'Afrique, à l'adresse du président du Sénat. Celui-ci, en présence du Sénat et de la Chambre des représentants, ouvrira toutes les listes certifiées, et les suffrages seront alors comptés. La personne qui aura obtenu le plus grand nombre de voix pour la présidence sera président, si ce nombre représente la majorité de tous les électeurs nommés.

Si aucune n'a obtenu la majorité nécessaire, la Chambre des représentants choisira immédiatement le président, par scrutin, entre les trois personnes au plus qui auront réuni le plus grand nombre de voix. Mais, pour le choix du président, les voix seront recueillies par État, la représentation de chacun ayant une voix. Le quorum nécessaire à cet effet sera constitué par la présence d'un ou de plusieurs représentants de deux tiers des États, et l'adhésion de la majorité de tous les États devra être acquise pour la validité du choix.

Si la Chambre des représentants, quand le droit de choisir lui incombe, ne choisit pas le président avant le quatrième jour de mars suivant, le vice-président agira en qualité de président, de même qu'en cas de décès ou d'autre incapacité constitutionnelle du président. La personne qui réunira le plus grand nombre de voix pour la vice-présidence sera vice-président si ce nombre représente la majorité de tous les électeurs nommés ; si aucune n'a obtenu la majorité nécessaire, le Sénat choisira alors le vice-président entre les deux personnes sur la liste qui auront le plus grand nombre de voix.

Le quorum nécessaire est 24 ; cet effet sera constitué par la présence des deux tiers du nombre total des sénateurs, et l'adhésion de la majorité de tous les sénateurs devra être acquise pour la validité du choix. Mais aucune personne inéligible, de par la Constitution, à la charge de président ne pourra être élue à celle de vice-président des États-Unis d'Afrique.

ARTICLE XIII

Section 1. Ni esclavage ni servitude involontaire, si ce n'est en punition d'un crime dont le coupable aura été dûment convaincu, n'existeront aux États-Unis d'Afrique, ni dans aucun des lieux soumis à leur juridiction. L'état fédéral se chargera d'enquêter sur tous les cas suspects de servitude, notamment des mineurs, cédés en paiement des dettes familiales.

ARTICLE XIV

Section 1.

Toute personne née ou naturalisée aux États-Unis d'Afrique, et soumise à leur juridiction, est citoyen des États-Unis d'Afrique et de l'État dans lequel elle réside.

Aucun État ne fera ou n'appliquera de lois qui restreindraient les privilèges ou les immunités des citoyens des États-Unis d'Afrique de l'Ouest ; ne privera une personne de sa vie, de sa liberté ou de ses biens sans procédure légale régulière ; ni ne refusera à quiconque relève de sa juridiction légale protection des lois.

Section 2.

Nul ne sera sénateur ou représentant au Congrès, ni n'occupera aucune charge civile ou militaire du gouvernement des États-Unis d'Afrique ou de l'un quelconque des États, qui après avoir prêté serment, comme membre du Congrès, ou fonctionnaire des États-Unis d'Afrique, ou membre d'une législature d'État, ou fonctionnaire exécutif ou judiciaire d'un État, de défendre la Constitution des États-Unis d'Afrique, aura pris part à une insurrection ou à une rébellion contre eux, ou donné aide ou secours à leurs ennemis. Mais le Congrès pourra, par un vote des deux tiers de chaque Chambre, lever cette incapacité ;

Section 3.

La validité de la dette publique des États-Unis d'Afrique, autorisée par la loi, y compris les engagements contractés pour le paiement de pensions et de primes pour services rendus lors de la répression d'insurrections ou de rébellions, ne sera pas mise en question.

Mais ni les États-Unis d'Afrique, ni aucun État n'assumeront ni ne payeront aucune dette ou obligation contractée pour assistance à une insurrection ou rébellion contre les États-Unis d'Afrique, ni à aucune réclamation pour la perte ou l'émancipation d'esclaves, et toutes dettes, obligations et réclamations de cette nature seront considérées comme illégales et nulles.

ARTICLE XV

Section 1.
Le droit de vote des citoyens des États-Unis d'Afrique ne sera dénié ou limité par les États-Unis d'Afrique, ou par aucun État, pour des raisons de race, couleur, de religion ou de condition antérieure de servitude.

ARTICLE XVI

Le Congrès aura le pouvoir d'établir et de percevoir des impôts sur les revenus, de quelque source qu'ils dérivent, sans répartition parmi les divers États, et indépendamment d'aucun recensement ou énumération.

ARTICLE XVII

Section 1.
Le Sénat des États-Unis d'Afrique sera composé de deux sénateurs pour chaque État, élus pour six ans par le peuple de cet État, au suffrage universel par voie électronique (et bulletin en confirmation) ; et chaque sénateur aura droit à une voix.

Section 2.
Quand des vacances se produiront dans la représentation d'un État au Sénat, l'autorité exécutive de cet État convoquera les électeurs pour y pourvoir sous réserve que, dans chaque État, la législature puisse donner à l'exécutif le pouvoir de procéder à des nominations temporaires jusqu'à ce que le peuple ait pourvu aux vacances par les élections que la législature pourra ordonner.

Section 3.
Le présent amendement ne sera pas interprété comme affectant l'élection ou la durée du mandat de tout sénateur choisi avant que ledit amendement n'ait acquis force exécutive et ne fasse partie intégrante de la Constitution.

ARTICLE XVIII

Le droit de vote des citoyens des États-Unis d'Afrique ne

pourra être dénié ou restreint pour cause de sexe par les États-Unis ni l'un quelconque des États. Le Congrès aura le pouvoir de donner effet au présent article par une législation appropriée.

ARTICLE XIX

Section 1.
Les mandats du président et du vice-président prendront fin à midi, le vingtième jour de mai, et les mandats des sénateurs et des représentants, à midi, le troisième jour de mai des années au cours desquelles ces mandats auraient expiré si le présent article n'avait pas été ratifié ; et les mandats de leurs successeurs commenceront à partir de ce moment.

Section 2.
Le Congrès s'assemblera au moins une fois par an, et la réunion aura lieu à midi, le troisième jour de mai, à moins que, par une loi, il ne fixe un jour différent.

Section 3.
Si, à la date fixée pour l'entrée en fonctions du président, le président élu est décédé, le vice-président élu deviendra président.
Si un président n'a pas été choisi avant la date fixée pour le commencement de son mandat, ou si le président élu ne remplit pas les conditions requises, le vice-président élu fera alors fonction de président jusqu'à ce qu'un président remplisse les conditions requises ; et le Congrès pourra, par une loi, pourvoir au cas d'incapacité à la fois du président élu et du vice-

président en désignant la personne qui devra alors faire fonction de président, ou la manière de la choisir, et ladite personne agira en cette qualité jusqu'à ce qu'un président ou un vice-président remplisse les conditions requises.

Section 4.

Le Congrès pourvoira par une loi au cas de décès de l'une des personnes parmi lesquelles la Chambre des représentants peut choisir un président lorsque le droit de choisir lui incombe, et au cas de décès de l'une des personnes parmi lesquelles le Sénat peut choisir un vice-président lorsque le droit de choisir lui incombe.

ARTICLE XX

Section 1.

Nul ne pourra être élu à la présidence plus de deux fois, et quiconque aura rempli la fonction de président, ou agi en tant que président, pendant plus de deux ans d'un mandat pour lequel quelque autre personne était nommée président, ne pourra être élu à la fonction de président plus d'une fois.

Mais cet article ne s'appliquera pas à quiconque remplit la fonction de président au moment où cet article a été proposé par le Congrès, et il n'empêchera pas quiconque pouvant remplir la fonction de président, ou agir en tant que président, durant le mandat au cours duquel cet article devient exécutoire, de remplir la fonction de président ou d'agir en tant que président durant le reste de ce mandat.

Section 2.

Le présent article ne prendra effet qu'après sa ratification comme amendement à la Constitution par les législatures de trois quarts des différents États dans un délai de sept ans à dater de sa présentation aux États par le Congrès.

ARTICLE XXI

Section 1.
Le droit des citoyens des États-Unis d'Afrique de voter à toute élection primaire ou autre élection, ne sera dénié ou restreint ni par les États-Unis d'Afrique, ni par aucun État, pour cause de non-paiement des taxes ou de tout autre impôt.

Section 2.
Le Congrès aura le pouvoir de donner effet aux dispositions du présent article par une législation appropriée.

ARTICLE XXII

Section 1.
En cas de destitution, décès ou démission du président, le vice-président deviendra président.

Section 2.
En cas de vacance du poste de vice-président, le président nommera un vice-président qui entrera en fonctions dès que sa nomination aura été approuvée par un vote majoritaire des deux Chambres du Congrès ;

Section 3.

Si le président fait parvenir au président du Sénat et au président de la Chambre des représentants une déclaration écrite leur faisant connaître son incapacité d'exercer les pouvoirs et de remplir les devoirs de sa charge, et jusqu'au moment où il les avisera par écrit du contraire, ces pouvoirs seront exercés et ces devoirs seront remplis par le vice-président en qualité de président par intérim.

Section 4.

Si le vice-président, ainsi qu'une majorité des principaux fonctionnaires des départements exécutifs ou de tel autre organisme désigné par une loi promulguée par le Congrès, font parvenir au président du Sénat et au président de la Chambre des représentants une déclaration écrite les avisant que le président est dans l'incapacité d'exercer les pouvoirs et de remplir les devoirs de sa charge, le vice-président assumera immédiatement ces fonctions en qualité de président par intérim.

Par la suite, si le président fait parvenir au président pro tempore du Sénat et au président de la Chambre des représentants une déclaration écrite les informant qu'aucune incapacité n'existe, il reprendra ses fonctions, à moins que le vice-président et une majorité des principaux fonctionnaires des départements exécutifs ou de tel autre organisme désigné par une loi promulguée par le Congrès ne fassent parvenir dans les quatre jours au président du Sénat et au président de la Chambre des représentants une déclaration écrite affirmant que le président est incapable d'exercer les pouvoirs et de remplir les devoirs de sa charge. Le Congrès devra alors prendre une décision ; s'il ne siège pas, il se réunira dans ce but dans un délai de 48 heures.

Si, dans les 21 jours qui suivront la réception par le Congrès de cette dernière déclaration écrite, ou dans les 21 jours qui suivront la date de la réunion du Congrès, si le Congrès n'est pas en session, ce dernier décide par un vote des deux tiers des deux Chambres que le président est incapable d'exercer les pouvoirs et de remplir les devoirs de sa charge, le vice-président continuera à exercer ces fonctions en qualité de président par intérim ; dans le cas contraire, le président reprendra l'exercice desdites fonctions.

ARTICLE XXIII

Section 1.

Le droit de vote des citoyens des États-Unis d'Afrique âgés de dix-huit ans ou plus ne pourra être dénié ou restreint pour raison d'âge, ni par les États-Unis d'Afrique, ni par l'un quelconque des États.

ARTICLE XXIV

Aucune loi modifiant la rémunération des services des Sénateurs et des Représentants n'entrera en vigueur tant qu'une élection des Représentants ne sera pas intervenue.

3. La spirale d'Or étoilée en arc-en ciel, le drapeau et sa signification.

Drapeau des États-Unis d'Afrique

Sa signification

Le drapeau USOA est un drapeau de proportion 10/19 surnommé « Stars on Gold Spiral » (étoiles sur la spirale d'or) ou « la spirale d'or étoilée en arc-en-ciel ».

Il se compose de 18 faisceaux aux couleurs de l'arc-en-ciel, partant du centre aux rebords de la spirale, tissée de trois traits (rouge, jaune et bleu)

En partant du centre, la spirale d'or (dans le sens inverse des aiguilles d'une montre), parcourt l'arc-en-ciel. On trouve, sur son tracé, une étoile à 5 pointes, arrangée au milieu de chaque faisceau (18 étoiles + 1 à l'extérieur).
Lorsque la spirale d'Or traverse de nouveau l'arc-en-ciel (un pas de l'hélice), au milieu de chaque faisceau et sur le trait, on trouve deux (2) étoiles à 5 pointes (36 étoiles)
Le total est donc de 18 + 36 + 1 soit 55 étoiles
Les 55 étoiles représentent les 54 États du continent + 1 (pour l'outre-mer), qui se sont unis pour former les États-Unis d'Afrique, E.U.A, ou dit autrement les États Africains Unis E.A.U.

La spirale d'or possède une propriété "eadem mutata resurgo" partielle, à savoir qu'elle est invariante par la similitude de centre O, de rapport π et d'angle $\pi/2$; elle approche donc une vraie spirale logarithmique avec m défini par $e^{m\,\pi/2}$ = phi

donc d'équation polaire $\rho = a\,\varphi^{\frac{\theta}{\pi/2}}$ laquelle passe par les points A, A', A" etc...
À chaque tour le rayon de la spirale d'or est multiplié par $\varphi^4 \simeq 6,9$; l'angle tangentiel polaire constant est

$$\psi = \operatorname{arc\,cot}\left(\frac{2}{\pi}\ln\varphi\right) \simeq 73°$$

Le drapeau USOA traduit la divine proportion et l'œuvre qui va découler sera conforme aux lois de l'univers.

4. L'hymne des porteurs de lumière

Hymne à Aton, psaume, L'Hymne à Aton aurait été rédigé par Amenhotep IV / Akhenaton.

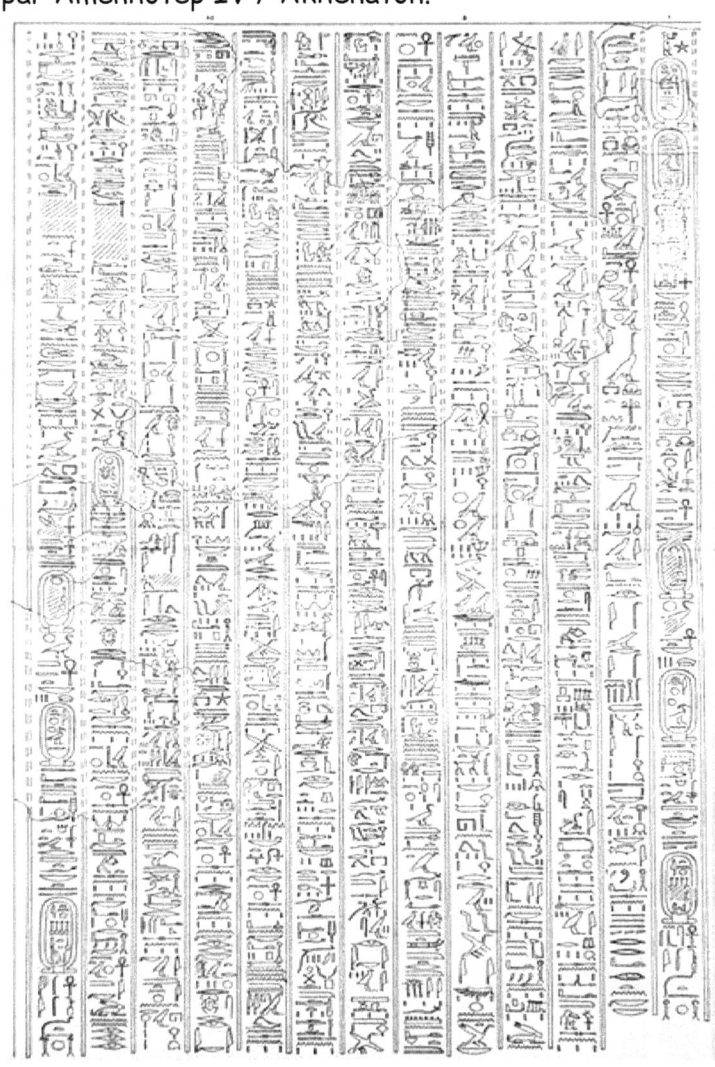

- Ligne 1 :

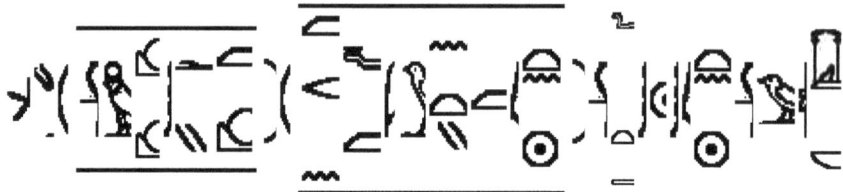

- Ligne 2 :

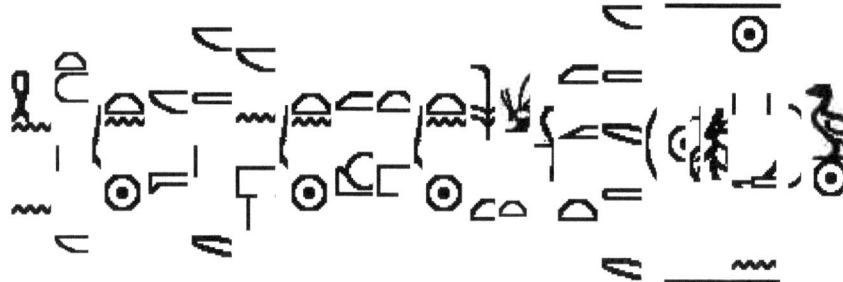

- Ligne 3 :

- Ligne 4 :

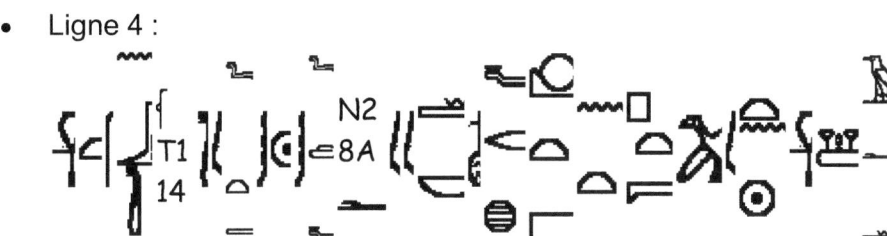

- Ligne 5 :

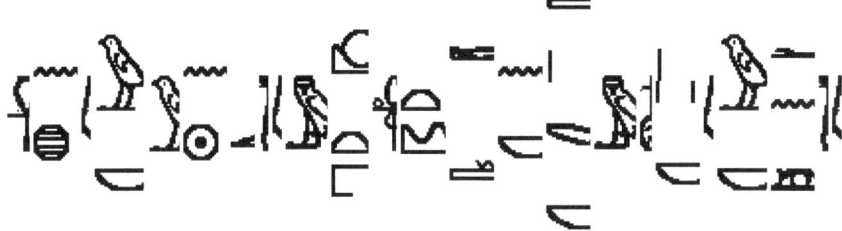

- Ligne 6 :

- Ligne 7 :

55

- Ligne 8 :

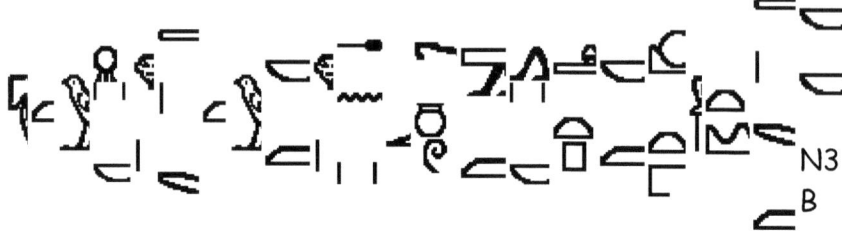

- Ligne 9 :

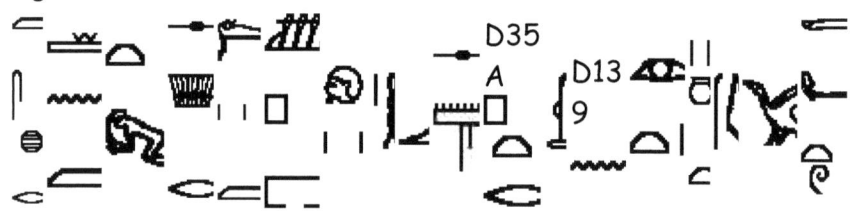

- Ligne 10 :

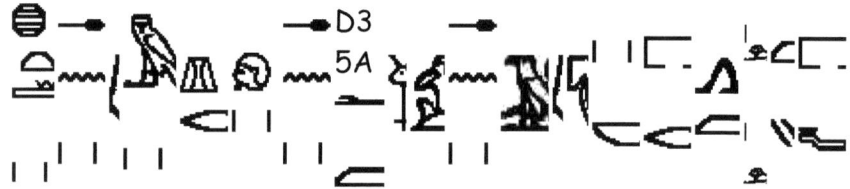

- Ligne 11 :

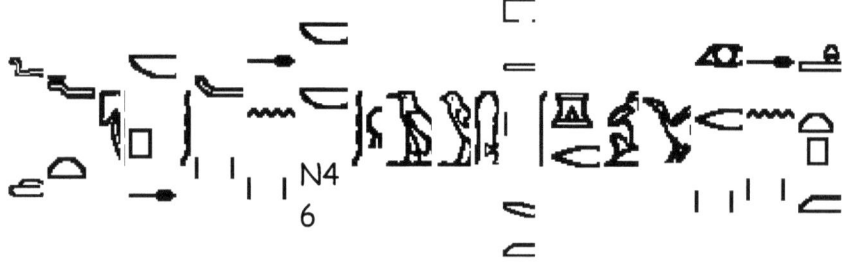

- Ligne 12 :

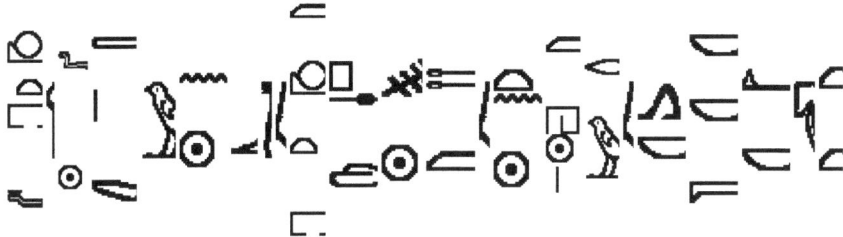

- Ligne 13 :

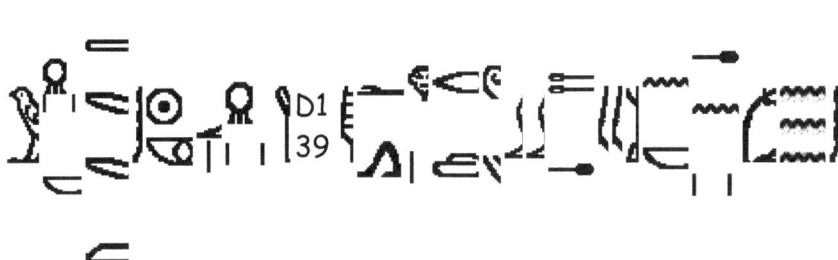

- Ligne 14 :

Hymne des USOA (tiré de l'hymne à Aton d'Akhenaton

Tu te lèves beau dans l'horizon du ciel,
Soleil vivant, qui vit depuis l'origine.
Tu resplendis dans l'horizon de l'Est,
Tu as rempli tout pays de ta beauté.
Tu es beau, grand, brillant. Tu t'élèves au-dessus de tout pays.
Tes rayons embrassent les pays, jusqu'aux confins de ta création.

Refrain psalmodié par l'assistance)

Mmm Mmm Mmm Mmm Mmm Mmm Mmm Mmm Mmm Mmm

Eééh éééh éééh   éééh éééh éééh   éééh éééh éééh   éééh

Oôô oôô ôôô   ôôô ôôô ôôô   ôôô ôôô ôôô   ôôô

Toi qui es Rê, tu les soumets tout entiers,
Les liant tous pour ton fils aimé.
Tu es loin, mais tes rayons sont sur la terre.
Tu es sur le visage des hommes, et l'on ne connaît pas tes venues.
Quand tu reposes à l'Occident, sous l'horizon,
La terre est dans une ombre, semblable à celle de la mort...
À l'aube, tu resplendis dans l'horizon, tu illumines, toi le soleil ;

Refrain psalmodié par l'assistance

Mmm Mmm Mmm Mmm Mmm Mmm Mmm Mmm Mmm Mmm

Eééh éééh éééh éééh éééh éééh éééh éééh éééh éééh

Oôô oôôo ôôô ôôô ôôô ôôô ôôô ôôô ôôô ôôô

Dans le jour, tu chasses le noir lorsque tu donnes tes rayons.
Les Quinze Pays s'éveillent en fête, les hommes se lèvent sur leurs pieds,
À cause de toi, ils lavent leur corps, prennent leurs vêtements ;
Leurs bras s'ouvrent pour adorer ton lever,
La terre entière fait son ouvrage...

Refrain psalmodié par l'assistance

Mmm Mmm Mmm Mmm Mmm Mmm Mmm Mmm Mmm Mmm

Eééh éééh éééh éééh éééh éééh éééh éééh éééh éééh

Oôô oôôo ôôô ôôô ôôô ôôô ôôô ôôô ôôô ôôô

Tu donnes à ce que tu crées le souffle qui l'anime.
Combien nombreuses sont tes œuvres mystérieuses à nos yeux !

Tu as créé la terre selon ton cœur, alors que tu étais seul,
Tu as mis chaque homme à sa place
Leurs langues sont diverses en paroles,

Leurs caractères aussi et leur teint diffère ;
Que tu sois loin ou te rapproches,

Refrain psalmodié par l'assistance

Mmm Mmm Mmm Mmm Mmm Mmm Mmm Mmm Mmm Mmm

Eééh éééh éééh   éééh éééh éééh   éééh éééh éééh   éééh

Oôô oôôo ôôô   ôôô ôôô ôôô   ôôô ôôô ôôô   ôôô

Attitude du citoyen durant l'hymne

Lorsque l'hymne est exécuté, les citoyens des États-Unis d'Afrique marquent leur attachement aux idéaux de leur nation, en mettant les mains et les bras ouverts au-dessus de la tête (comme indiqué dans la photo ci-dessus), et psalmodient aux refrains.

Le Kemetic Sun Salutation est exécuté partiellement (position 1 et position 11)
Les mains se touchent par les paumes et sont mises face au visage, puis on lève les bras ouverts au-dessus de la tête, avec les paumes tournées vers le haut, afin que l'ensemble soit en forme de réceptacle des sublimes effluves

ENCHAÎNER LA SÉQUENCE

11 DEBOUT BRAS LEVÉS

1 LA MONTAGNE, MAINS EN PRIÈRE

10 LA CHAISE

2 FLEXION AVANT DÉBOUT

9 LE GUERRIER I VARIANTE

3 LE GUERRIER I VARIANTE

8 LE CHIEN TÊTE EN BAS

4 TRANSITION

7 LE COBRA

5 DROITE

6 GAUCHE

Le 21ᵉ siècle sera spirituel ou pas (connaitra l'hécatombe nucléaire). Ce 'Sun salutation' peut être précédé, chaque matin de cette psalmodie, avec la main gauche sur le cœur et l'index de la main droite au milieu de front.

Je te remercie mon Dieu, pour le retour de la conscience en moi

Je te remercie pour le privilège qui m'a été accordé de participer, un jour de plus, à l'accomplissement de tes desseins et de poursuivre ainsi, mon évolution sur ce plan de compréhension.

Garde-moi, sans cesse, en contact avec ta conscience et accorde-moi le privilège de recevoir les inspirations qui me sont nécessaires. Qu'il en soit ainsi !

Ne pas éteindre, connexion et chargement en cours

5. La devise, le sceau et l'écusson de cette AFRIQUE rassemblée

En Dieu, nous demeurons !

Telle est la devise des États-Unis d'Afrique – USOA reposant sur le socle de la mâât, rappelé par le scribe COOVI RECHMIRE ; (l'exactitude, la vérité, la droiture, la transparence, l'équité, la rectitude, la bienfaisance, la solidarité, le partage)

La question, de la croyance ou non en Dieu, ne se pose pas chez les 'mélanisés', car ils sont des <u>porteurs de lumière</u>, au regard de leur énorme capacité de stockage et synthèse de la lumière du jour.

Ils fouillent pour trouver quelques modes d'expression et de manifestation de la divinité dans la densité de la matière.

Une quête participative à l'œuvre, à travers le corps physique (dans sa mortelle condition), exalté musicalement par l'harmonie cosmique. Nous demeurons en/avec lui.

Une étincelle de sa divine conscience venue admirer l'ouvrage, le jardin des splendeurs, l'univers manifesté, rendu visible à nos yeux, par l'astre du jour !

Ainsi Dieu fit toute chose, en divine proportion (nombre d'Or), et un attribua une qualité vibratoire ayant une correspondance numérique dans la hiérarchie des êtres et des choses, selon le plan de l'œuvre.

Cette connaissance est préchargée dans sa mémoire résiduelle afin qu'il veille à ne pas :
- s'abaisser au rang inférieur des bêtes (cruauté), bien que le fonctionnement de son corps, soit similaire à celui d'un animal. L'accouplement avec les animaux est un errement interdit. La sélection naturelle des espèces se chargera d'éteindre toute hybridation sans archétype.

- détruire son habitacle (la terre) par sa voracité/férocité qui le pousse à une faim/soif, immodérés de tous les biens terrestres
La vacuité est bornée par l'harmonie cosmique qui maintient l'univers en équilibre.

- éteindre la diversité des espèces

- oublier qu'ils sont les adorateurs de l'astre du jour, le soleil, source de toute vie

Le sceau de l'union ; Le sceau solaire

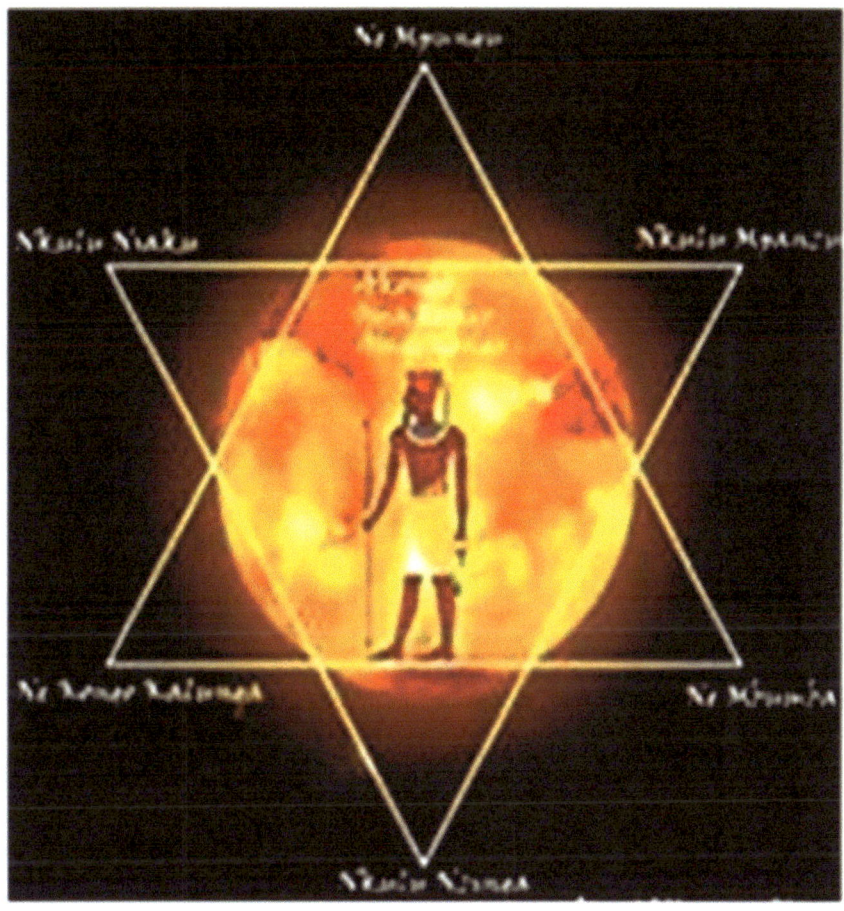

Kalunga

Écusson de l'Union :
L'œil d'HORUS, l'œil de Dieu qui voit tout et d'où tout émane
en progression d'or

MaatMatatu !

Dieu fit toute chose en proportion et lui attribua une qualité vibratoire, ayant une correspondance numérique, dans la hiérarchie des êtres et des choses

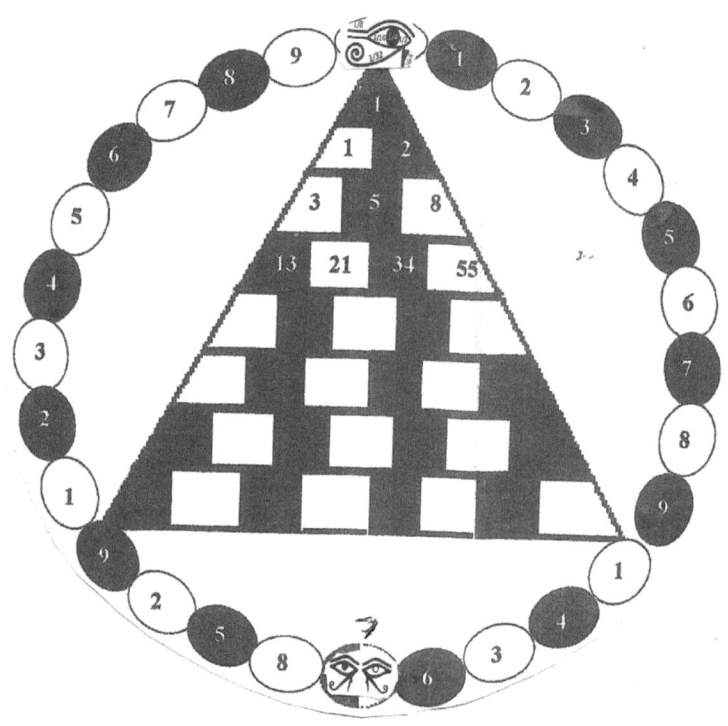

Kongèla !
Rassembler ce qui est morcelé. et éparpillé

6. Les urgences panafricanistes

La contestation du 14 septembre 2019, contre l'arrimage de la nouvelle monnaie ECO à l'euro qui conduit ipso facto l'élargissement de la zone FCFA aux autres pays de l'Afrique de l'Ouest, est une résistance légitime, car l'euro est une monnaie trop forte pour les économies africaines.

La fausse stabilité de la parité fixe va anéantir encore les espérances de croissance.

Bien que libres, les anciens esclaves ne souhaitent pas quitter le confort de la plantation du maître et préfèrent continuer à y monnayer leur force de travail, abondante et bon marché. Les négriers noirs sont à la tâche.

La seconde contestation urgente est celle de dire NON AU NUCLÉAIRE en Afrique. Le potentiel énergétique (hydroélectrique, éolien, solaire, maritime et gazier) est si GIGANTESQUE, que l'Afrique n'a pas besoin d'importer le danger nucléaire et en plus à des couts très chers. Les centrales nucléaires proposées 'clé en main' à certains pays africains sont à prendre dans la perspective d'y stocker les déchets nucléaires de ces pays (Russie, Chine)

La disparition des forêts et la vente des terres sont les urgences de la contestation des mobilisations 'citoyennes' à structurer en panafricanistes.

L'anticipation

La contestation montre que les noirs sont encore dans la défensive émotive

Il faut atteindre le stade de la réflexion 'froide' et de l'anticipation qui conduit à la stratégie sur le long terme.

Une volonté politique affirmée doit porter les ambitions et les idéaux des peuples africains et panafricanistes. Kemi S. peut porter notre voix forte.

L'écho de la cloche de la monnaie ECO, dans l'inconscient collectif et mental des africanistes, vient d'annoncer la fin des micro-États et des petits rois

Anticipation 1 : Création symbolique de : USOA (EUA)

UNITED STATES OF AFRICA – ÉTATS UNIS D'AFRIQUE

Rédaction complète des textes (constitution) et autres symboles de l'état fédéral (drapeau, armoiries, etc.)

Proclamation symbolique de la naissance USOA et Investiture de l'autorité morale (Songué ya mbèli) pour incarner la nation dans toutes les tribunes

Cette autorité morale (la pointe de l'épée) sera le premier embryon POLITIQUE, qui conduira à l'existence effective des ÉTATS UNIS D'AFRIQUE. Des initiatives seront entreprises, au fil de l'actualité, pour nous (Africains et Afrodescendants) pour nous faire basculer de la torpeur de l'esclavage, à l'action puis à l'anticipation

Un coffret USOA (drapeau+feuillets emblèmes) sera envoyé à tout citoyen/parti/association et gouvernement.

Le contenu sera vocalisé et mis en ligne sur les sites www.usoafricaorg et www.usoaditunga.org pour une diffusion audio gratuite.

Mentalement, les générations suivantes doivent être configurées, prêtes, pour la création d'un état fédéral africain.

Anticipation 2 : Création des réserves d'OR, africaines

Personne ne pense à un état fédéral sans sa monnaie propre (UE, USA, Russie, Brésil, Chine, Inde)

Avec la bénédiction d'un président en fonction (celui du Ghana par exemple), des privés, ayant un agrément donné par le gouvernement, créent la banque des réserves d'Or et des devises du Continent. Cette banque sera aussi la Caisse des Dépôts, consignation chargée de désendetter tous les pays africains.

Ce business privé achète à un tarif préférentiel (accord pan africanité des états producteurs), l'OR produit partout en Afrique

Elle se constitue des réserves d'OR, progressivement avec l'ambition d'atteindre dans 5/10 ans le même niveau de réserves OR et devises que la FED/USA

Comment ?

La voix forte de Kemi va s'élever jusqu'aux confins de l'Afrique pour faire cotiser un dollar par jour. Des panafricains cotiseront chacun, soit 360 dollars par an pour 500 millions d'habitants. Ils seront tous actionnaires, petits porteurs des 'Réserves d'or'.

Les souscriptions se feront par mobile money dans un compte mobile money ouvert dans chaque pays ;

Je ne cite pas les privés fortunés ou les classes moyennes, ni les états parties prenantes, ni tous ceux qui dans le monde cherchent où placer leurs fonds.

Les États Africains producteurs d'OR seront invités à le vendre préférentiellement à la Caisse des Réserves Africaines d'OR, au meilleur prix, HT. Un exercice positif de souveraineté.

La banque des réserves d'or deviendra ensuite l'incubateur de la monnaie unique de l'USOA grâce à ses réserves et peut fixer le taux directeur en accord avec les banques centrales secondaires.

Anticipation 3 : Diffusion du savoir dans les langues africaines

VOCALISER le savoir accumulé par l'humanité et de le rendre accessible à l'homme africain, dans toutes les langues du continent, en commençant par le Wolof.

Les nouvelles technologies autorisent de nouveaux modes d'acquisition du Savoir, en exploitant l'aspect ORAL de la transmission des connaissances propres à l'Afrique.

Mettre les connaissances scolaires à la disposition du plus grand nombre de jeunes, par la vocalisation des livres et des cours des écoles et universités du Sénégal et de l'Afrique en général.

Fournir le service d'accès au livre audio à travers la plateforme, par un accès gratuit, à travers une application sous smartphone et internet.

Vulgariser l'usage de liseuses 'préchargées' des manuels scolaires (cours/exercices) programmés par le ministère de l'Éducation de chaque pays, pour chaque niveau (primaire, secondaire, universitaire). Ainsi le livre papier est disponible à la bibliothèque de chaque établissement scolaire et les parents n'ont plus l'obligation d'effectuer les dépenses des manuels scolaires.

Préparer une élite et une main-d'œuvre qualifiées pour répondre au virage que prennent les entreprises vers la RSE et l'économie circulaire, afin de remettre le citoyen cœur de l'essor économique, conformément aux ODD, objectifs de Développement Durable.

Anticipation 4 et 5 : L'eau douce et la plantation des légumes et arbres fruitiers

Produire et transporter l'eau douce jusqu'à l'intérieur du continent, dans les terres arides, après dessalement d'eau de mer, en grande quantité.
La prochaine guerre est celle de l'eau douce.

Pourquoi vendons-nous nos terres arables aux Chinois et autres? La voix forte de Kemi Saba va s'élever encore une fois pour dénoncer tous ces contrats léonins, recensés pays par pays.

Anticipation 6

Production abondante d'électricité pour un raffinage local des minerais

Tous les minerais seront raffinés localement pour deux avantages majeurs
1. impact environnemental réduit par la proximité extraction/transformation
2. meilleur cout de production par la présence de l'électricité abondante et bon marché, et l'installation à proximité des industries à base des minerais

Anticipation 7

L'avenir désirable de l'humanité et une part de stratégie de ce futur proche

Lorsque nous Africains (Kemites) disons que nous allons bâtir l'Afrique, nous parlons de l'avenir désirable de toute l'humanité.
Une part de stratégie associe, nos frères humains, Indo-européens (actuels blancs) pour trois raisons ;
- une seule race humaine avec ses ethnies (noire, blanche et jaune)
- intégrer l'ethnie blanche dans un continent à dominante noire, afin de leur enseigner la fraternité universelle sans obsession de domination absolue et de faire varier leur échelle de valeurs pour la conservation des ressources de notre habitacle commun qu'est la terre.
- Aucune race n'ira seule sur une planète B, après avoir saccagé la présente Terre. Les partisans de l'ethnie pure 'ARYENS' sont actifs partout, mais le taux d'hybridation n'a jamais dépassé 25 %, signe de la sélection naturelle qui s'opère dans les espèces.
- Le grand remplacement n'aura pas lieu et n'est pas souhaitable (arche de Noé pour la conservation des espèces de tout type)

L'énergie est mise dans la création et non dans la contestation de quelque chose qui est facile à surmonter

Puisse Dieu nous aider à avoir en plus d'un mental de guerrier (endurant, persévérant et résilient), l'écoute et l'entendement au niveau requis pour la construction de la nouvelle humanité

Yôga Yôga Yôga (écoute, écoute, écoute)
Azambé, â Zambé, Azambé (Dieu et ses manifestations multiples)
Ngui lè mbé, (ainsi j'ai parlé, j'ai dit, disent les 'akoua' du nord Congo B)

7. Les piliers et fondements de l'état fédéral

Les piliers et fondements sont :

La volonté politique citoyenne
- La constitution, le drapeau et la devise de l'état fédéral, USOA (EUA), par la société civile, SYMBOLIQUEMENT, au départ pour contourner les pesanteurs.

La souveraineté économique
- La Caisse de réserves d'Or d'Afrique, Dépôts et consignation
- MOSSOLO, la monnaie unique, garantie par les réserves fédérales d'Or.

L'indépendance culturelle (sortir des chaines de l'esclavage mental)
- Matatu, le moteur de recherche, avec des contenus, culturellement africain

La vision
Bâtir, l'avenir désirable de l'humanité. L'Afrique.

Bâtir cette Afrique ;
- En apportant l'eau douce, dans les terres arides de l'intérieur du continent, après dessalement d'eau de mer, afin de planter, quantitativement, les légumes et arbres

fruitiers de la sécurité alimentaire du continent et du pouvoir d'achat du citoyen.

- Écologique par le recyclage ; tout déchet totalement recyclé, tout métal entièrement récupéré et retraité, car les métaux seront en voie de raréfaction, nettoyage des océans, fleuves, rivières et villes.
- En conservant les écosystèmes forestiers, par la reforestation massive des espaces déboisés sauvagement. Exploitation du bois sur des espaces et espèces reboisés,
- Sans importer le danger nucléaire, car elle dispose d'un énorme potentiel énergétique
- Transformant localement les minerais, à proximité de leur lieu d'extraction, afin de limiter l'impact environnemental et réduire les couts de production de biens dérivés des minerais extraits sur le continent.
- Terre de 'melting pot' de toutes les ethnies (noire, jaune et blanche) de la race humaine, unique, malgré la variation du taux de pigmentation en mélanine

Chronogramme à venir

2020 : Création, symbolique et solennelle, de l'état fédéral, USOA.
        Mise en place, par intérim, des institutions fédérales.

2020 : projet privé de constitution des réserves d'OR, d'Afrique
2021 : projet privé de moteur de recherche à contenu africain

8. L'action pour bâtir cet avenir désirable de l'humanité

Avec toutes les ressources minières, le potentiel énergétique énorme et la forte jeune démographie du continent, les Africains sont-ils capables de bâtir cet avenir désirable de toute l'humanité.

Lorsque l'état fédéral aura réussi à financer le projet EAU DOUCE « produire et transporter l'eau douce jusque dans les terres arides de l'intérieur de l'Afrique, après dessalement d'eau de mer », un minimum de pouvoir d'achat sera garanti à chaque citoyen.

La sécurité alimentaire ne dépendra plus des importations, ni de l'aide d'urgence et ni des aléas climatiques, car la présence de l'eau dans ces terres arides autorisera une production agricole en toutes saisons au lieu de 2 mois sur 12.

Toute la production d'or du continent sera achetée pour constituer les réserves d'OR de l'état fédéral USOA, avec l'objectif en dix ans de dix mille (10 000) tonnes d'OR.

La répartition géographique du siège des instances et ouvrages de l'USOA
- les réserves d'or et caisse de dépôts et consignation à ACCRA
- le SÉNAT à ABUJA

- l'assemblée ou chambre des représentants à Ouagadougou
- la capitale fédérale à Freetown (Sierra Leone)
- la réplique de la pyramide Saqqara au Bénin

ANNEXES

1. Communiqué de presse
2. La banque des réserves d'or d'Afrique, à travers une initiative privée
3. Le projet Eau douce de toute l'Afrique
4. Le moteur de recherche, avec un contenu africain
5. L'énorme potentiel énergétique à valoriser
6. Le raffinage local de tous les minerais
7. Le réseau ferroviaire de 50 000 km construire
8. Le Projet du port méthanier au Sénégal à Kaolack
9. Le port méthanier de Pointe-Noire
10. Les pôles universitaires
11. Le festival du fleuve Congo
12. L'apport du secteur aviation civile à l'intégration du continent
13. Plan KRUMAH pour l'Afrique : base de l'État Fédéral Africain

1. Communique de presse

Nous informons le public de l'espace USOA de la tenue des

JOURNÉES DE LA SOCIÉTÉ CIVILE ET DU CITOYEN
A (ACCRA) (COTONOU) (ABUJA) (KINSHASA)
Courant 2020

Thème de la session 2020

Réflexion sur l'opportunité de la création d'un état fédéral en Afrique

J : Accueil des congressistes
    Débats, validation et adoption du projet de constitution

J+1 : - Débats et approbation des emblèmes ;
drapeau, hymne, devise et la capitale – siège
-   débats et approbation des projets 'piliers et fondements de l'État Fédéral

J+2 : Cérémonie solennelle de la naissance symbolique de l'USOA
        Élection des trois principaux dirigeants intérimaires

Les informations détaillées sur cet évènement seront disponibles
Envoyer vos critiques et contributions
sur le site www.usoa.org et par email : usoa@gmail.com
phone :
Adresse postale BP

Communique de presse

Nous informons les croyants et le public, de la tenue de la

RENCONTRE DES IMAMS DE L'ESPACE USOA
N'Djamena (TCHAD)
Courant 2020

Thème de la session 2020

La paix par l'islam dans l'espace USOA

J : accueil des Imans et des croyants
  Débats, validation et adoption du projet de l'accord avec les croyants de BOKO HARAM

J+1 : Débats et approbation ;
    Le temps de parole est donné aux émissaires de Boko Haram, devant les autres croyants
    Dialogue entre croyants pour une religion de paix

J+2 : Cérémonie solennelle de la naissance symbolique de l'ISLAM DE PAIX dans l'USOA
    Élection des trois principaux dirigeants intérimaires

Les informations détaillées sur cet évènement seront disponibles
Envoyer vos critiques et contributions
sur le site www.usoa.org et par email : usoa@gmail.com
phone :
Adresse postale BP

2. La banque des réserves d'or d'Afrique, à travers un appel à l'épargne

Toute la production d'or du continent sera achetée pour constituer les réserves d'OR de l'état fédéral USOA, avec l'objectif en dix ans, de dix mille (10 000) tonnes d'OR par site, sur un total de 50 000 tonnes.

MANIFESTATION D'INTÉRÊT ET APPEL À L'ÉPARGNE PUBLIQUE ET PRIVÉE

I. Objectif stratégique visé :

Pour l'atteinte de l'objectif de mise en place des 'piliers et fondements' des États-Unis d'Afrique (faisant suite aux journées de la société civile et des ONG d'Afrique), le Ghana lance cet appel à l'épargne publique et privée afin de constituer sa part (10 000 tonnes) des réserves d'or d'Afrique Cette manifestation d'intérêt appelle les citoyens à participer à la mobilisation des fonds nécessaires et recherche des partenaires pour la mise en place des réserves d'or d'Afrique, qui sont un des 'piliers et fondements' de l'état fédéral africain (EUA – USOA).

II. Les enjeux et défis

a. Priorité ou enjeu concerné : La constitution des réserves d'Or.
La première priorité de l'état fédéral USOA, après sa proclamation symbolique est la constitution des réserves d'OR

de l'Afrique, en dix ans à une quantité de dix mille (10 000) tonnes, et pour un total de 5 sites, soit 50 000 tonnes..

III. Montant de l'action pour les citoyens, pris individuellement

Cet appel à l'épargne public et privée avec un accent appuyé pour la prise d'action citoyenne à un (01) dollar par jour, fériés compris, pour une période totale de dix (10) ans.

La souscription citoyenne se fait par mobile money dans les comptes pays qui seront communiqués, et dans les agences des banques sélectionnées..

IV. Montant de l'action pour les entreprises et les institutions financières

Une part est fixée à 500 dollars US pour un total de 100 millions de parts par, et durant dix ans. La rémunération des actions est prévue à 5 % et est versée le 15 janvier de l'année n+1.

V. Informations utiles sur la souscription

Rubrique	Détails
Réserves d'or à constituer	50 000 tonnes en dix ans, soit 5000 tonnes par an
Cout achat au taux actuel de 45 000 euros/le kg	2 250 000 000 000 en dix ans, soit 225 000 000 000 euros par an
Montant total des sommes à souscrire	2 250 milliards d'euros en 10 ans, soit 225 milliards d'euros par an, soit 0,616 5 milliard d'euros par jour, soit 616,5 millions d'euros par jour
La moitié des parts réservées aux citoyens	300 millions d'euros, par jour à souscrire, à raison d'un minimum d'un (01) euro par citoyen
L'autre moitié des parts pour les entreprises et le marché financier	316 millions d'euros, par jour, à souscrire, à raison d'un minimum de 500 euros, non plafonné au prorata des parts disponibles
Durée et période de souscription	10 ans à compter du 1er juillet 2020
Taux d'intérêt	5 % payable au 15 janvier de l'année n+1

VI. Souscription et paiement par mobile money

La souscription et le paiement des intérêts des petits porteurs, moins de 3650 euros) constitués en dix ans, se feront par mobile money, sans frais sur simple enregistrement des pièces d'identité et photos, scannées en JPEG (photos) et envoyées à la banque locale désignée

Les mises en forme et le complément d'informations permettront la validation des opérations

VII. Conditions de la mise en place de ces projets et date limite de réception :

En plus des facilitations usuelles du code d'investissement, le présent projet bénéficie d'une exonération complète, durant cinq ans, dans l'importation des matériels et équipements, entrants dans sa réalisation. Les offres d'études, de financement et de partenariat sont reçues, sans délai, au siège de la banque pilote du projet, la banque du Ghana.

Fait à (ACCRA) (COTONOU) (ABUJA) (KINSHASA)…
Le

Le Président

3. Le projet Eau douce de toute l'Afrique

Manifestation d'intérêt

Appel à contribution et Appel à projets

I. Objectif stratégique de développement durable visé :
Recherche des partenaires pour la mise en place des projets ci-dessus énumérés pour répondre aux enjeux du développement durable et de l'émergence.

II. Les enjeux et défis par ordre de priorité

Priorité ou Enjeu n° 1 :
L'urgence et la priorité absolue de toute l'Afrique sont :
La production d'eau douce, par dessalement d'eau de mer, et son transport jusque dans les terres arides de l'Afrique, notamment la zone sahélo-sahélienne restera le projet de base (urgent et prioritaire), avec des grandes plus-values, pour toute l'Afrique.

Pour l'Afrique centrale
- De Kribi au lac Tchad, de N'Gaoundéré à Juba (Sud Soudan), un tracé de l'eau, mitoyen au réseau pipeline transportant le pétrole brut de DOHA à Kribi. Une réalimentation, à petite dose journalière, du lac Tchad, jusqu'à son niveau d'antan.
Les terres arides du sud du Tchad, du nord Cameroun, du nord de la Centrafrique seront rendues cultivables, en fruits et légumes, par la présence de l'eau douce

- de Lobito jusque dans les terres arides du Sud de l'Angola.

Pour l'Afrique de l'Ouest :
- de Nouadhibou à Kidal, à Tombouctou et à Agadez
- de Nouakchott à Mopti, où le fleuve NIGER sera réalimenté en eau douce, à petites doses journalières
- de Saint Louis à Kayes, où le fleuve SÉNÉGAL sera réalimenté en eau douce, à petites doses journalières
- de Kaolack à Kédougou/Saraya, afin de cultiver la totalité des terres du Sunugal
- de Ziguinchor (afin de cultiver la totalité des terres de Casamance) à Sikasso où le Djoliba sera réalimenté en eau douce, à petites doses journalières
- de San Pedro à Bobo Dioulasso, en arrosant les terres du nord de la Côte d'Ivoire et du sud du Burkina Faso (de Tabou à Taï, samatiguila puis Manankoro, de Grand Lahou à Daloa puis Korhogo puis à Ouangolodougou)
- de Newtown à Kotouba puis à Gaoua et à OUAGADOUGOU)
- de Cotonou, à Malanville, à Tillabéry à Agadez, en arrosant les terres du sud du Niger. Le fleuve NIGER sera réalimenté en eau douce, à petites doses journalières à Tillabéry.
- de BODOGRI, Shaki, Kalomo, Koko, Tambawell, Sokoto) va ancrer définitivement le NIGERIA dans le projet, avec ses dérivations, Sokoto – Dosso- Niamey, Dosso – Zinder - Diffa et SOKOTO – Kitsna – Maiduguri- Lac Tchad.

Pour l'Afrique de l'Est
- de Djibouti (et Somalie Land) en Éthiopie (et Érythrée) jusqu'au Soudan), afin de cultiver la totalité des terres de l'Est de l'Afrique où la famine et la sécheresse sévissent régulièrement
- de Mombassa, jusque dans les terres du Nord Kenyan, Sud

Soudan
- de Maputo au Matébélé Land, afin d'arroser les terres sèches du Zimbabwe.

Pour l'Égypte
D'Alexandrie, en irriguant goutte à goutte de long en large, les terres du désert jusqu'à la frontière sud, où le Nil sera réalimenté, à petites doses en douce.

Pour la Libye
De Benghazi, jusque dans les terres désertiques de Libye, les terres Toubous du Tibesti tchadien et aux confins d'Agadez (NIGER).

Pour l'Afrique australe
- de Walis Bey aux terres du Malawi et du Botwana et du désert du Kalahari
- de Durban, aux terres arides du Lesotho et du nord de la RSA.

Pour Madagascar
- de Toamasina à Ambrositra,
- de Mananjary à IHOSY
- d'ANDROKA à BFTSIOKY
- TSARATANANA) et Nord EST (BEFANDRIANA)

Une dette pérenne sur 50 ans pour atténuer les effets de la guerre de l'eau douce et diminuer la pauvreté par l'augmentation des périmètres irrigués et par conséquent la production des fruits et légumes.
La vente de l'eau remboursera l'emprunt à travers une société privée de gestion

Un seul projet pour sortir toute l'Afrique de la famine, de la pauvreté, de la massive importation des aliments de première nécessité et de l'assistanat.

Projet

Eau Douce D'Érythrée
EDDE

EAU DOUCE D'Érythrée, la phase visible, du besoin basique de l'Afrique. Un seul projet, pour sortir tout le continent de la misère et la pauvreté. EDDE consiste à produire et transporte l'eau douce jusque dans les terres arides de l'hinterland après dessalement d'eau de mer, en grande quantité, un million de m^3 par jour.

 **Constats**

L'Afrique, avec sa population, jeune à 60%, reste le continent de tous les possibles et est le 'futur désirable de l'humanité'.

Dans la problématique de l'atteinte de OMD, de la lutte contre la pauvreté, de l'amélioration du niveau de vie des populations, de la facilitation de l'accès à l'eau e à une eau potable de qualité, ainsi que dans l'intention (et la volonté politique) de faire de l'Érythrée un pays émergent à l'horizon 2025, l'état initialise le présent projet : EAU DOUCE D'Érythrée - EDDE.

De toute évidence, il s'agit de :
- Assurer la disponibilité l'eau douce sur l'ensemble du territoire national
- Rendre potable l'eau douce pour toutes les contrées (villes et villages)
- Amener l'eau douce jusque dans les terres arides de l'intérieur de l'Érythrée pour accroître, significativement, les périmètres irrigués
- Planter, quantitativement, des arbres fruitiers et légumes dans le pays ;
- Faciliter et encourager la mise en place de l'industrie agroalimentaire ;
- harmoniser et de standardiser à un haut niveau de qualité, la production agricole de l'Érythrée,

Le déficit en eau douce potable dans l'immensité de l'espace (Érythrée, Éthiopie, Soudan) reste un facteur de famine, de pauvreté et de sous-développement, mais, et peut être perçu aussi comme un problème principal à résoudre pour des plus grandes plus-values

L'état érythréen se propose de mettre en chantier le présent PROJET DE PRODUCTION ET DE TRANSPORT D'EAU DOUCE SUR L'ENSEMBLE DU TERRITOIRE NATIONAL ERYTHREEN, PAR DESSALEMENT D'EAU DE MER

 **Problèmes à résoudre**

De ce fait, étant donné que l'Érythrée dispose des atouts en termes d'être un pays côtier peut (et veut), s'il est bien organisé et mieux géré, renforcer sa capacité de production et de distribution d'eau douce sur l'ensemble du territoire national et en Éthiopie.

'Sunugal&Africa' Digest, rédigé et formaté, à chaque projetNAICCE & MATICIA, selon les méthodes et outils RSE- Document gratuit

93

- L'installation de cinq unités de dessalement de 200 000 m^3 chacun par jour, soit une capacité d'un (1) million de m^3 par site pour un total de deux sites : Tiyo et un autre à choisir.
-
- L'installation des infrastructures de transport (pipe-line et maillage du territoire en tuyaux), de stockage (châteaux d'eau et citernes) pour les villages et périmètres agricoles, et des unités de potabilisation de petites et moyennes tailles adaptées à la consommation de chaque agglomération
-
- La création de la société privée de gestion des infrastructures de production et de transport d'eau douce (LES EAUX D'ÉRYTHRÉE), avec 30% des parts détenues par l'état de l'Érythrée dans le capital
-
- La signature anticipée, sous la supervision du gouvernement de la république ,du WATER PURCHASE AGRÉMENT, entre la société LES EAUX D'ÉRYTHRÉE (un comité de pilotage sera mis en place), les sociétés de distribution actuelles et futures, les collectivités locales, et les banques parties prenantes du montage financier DE LA VENTE DE L'EAU aux grossistes.
-
- La génération d'une politique de PLANTING des arbres fruitiers et des légumes, sur des terres irriguées, cédées en location à des privés, nationaux et étrangers, sur des petites surfaces (un à cinq hectares) et pour des exploitations industrielles sur des étendues de plus de 10 ha.
-
- L'initialisation d'une politique d'accompagnement technique et financière des nationaux dans la création des industries agroalimentaires à base de fruits et légumes
-
- La formation de personnel dans les domaines techniques et en matière de gestion et de leadership. La formation technique et financière pour investir dans les équipements et matériels d'apprentissage de qualité et de production des fruits et légumes, selon les nouveaux standards plus respectueux de l'environnement
-
- La majorité de personnels (agricole) est formée "sur le tas" et ne possède, ni les qualifications (nos paysans seront bacheliers), ni l'expérience suffisante (les savoirs ancestraux n'ont pas été transmis aux nouvelles générations)

Problèmes à résoudre

'Senegal&Africa' Digest, rédigé et formaté, à chaque projetNAICCE & MATICIA, selon les méthodes et outils RSE- Document gratuit

94

Potentiels bénéficiaires et résultats attendus

Les bénéficiaires du Projet seront :

- Le Gouvernement qui a reçu mission et mandat du Président de la République de promouvoir la réduction de la pauvreté du citoyen sénégalais, par l'amélioration de l'accès à l'eau potable ;
- Les sociétés de distribution d'eau (présente et à créer par la libéralisation du secteur de distribution de l'eau, notamment dans les villages de l'intérieur du pays)
- Les collectivités locales et les conseils départementaux par l'accroissement des surfaces et périmètres irrigués par la présence de l'eau douce
- Les riverains du fleuve Sénégal, dans leurs activités 'agricole et aquaculture'
- Les populations du Sénégal par l'accès facilité à l'eau potable, grâce à sa disponibilité de proximité, à son transport partout au Sénégal
- Les différents acteurs de la vie sociale et économique du Sénégal (prestataires de services) qui bénéficieront d'une meilleure eau (quantitativement livrée et sans délestage, partout sur le territoire national) pour la conduite de leurs activités

Les résultats attendus de ce Projet sont :

1. Résultats à long terme :

    L'eau douce disponible, en quantité suffisante sans délestage, partout sur le territoire national.
    L'état, doté des infrastructures de production et de transport de l'eau douce, suite au dessalement d'eau de mer sur trois sites
    Le désert érythréen reverdit par des arbres fruitiers
    L'aquaculture, rendue possible par l'injection d'eau douce, à petites quantités journalières dans le Nil bleu,
    La vente de l'eau douce aux pays voisins (Éthiopie, Soudan), comme source de recettes et de devises étrangères
    Une dette pérenne (emprunt 25/30 ans) remboursée par la vente de l'eau
    Une extension du projet à l'Égypte

2. Résultats à moyen terme :

    L'état, doté d'un outil pour la résolution de l'épineux problème d'approvisionnement en eau douce et potable pour sa population sur l'ensemble du territoire national
    L'état, doté d'un puissant vecteur de réduction du niveau de pauvreté et des plus-values conduisant à l'émergence

Les principales réalisations du Projet sont les suivantes:

- Diagnostic pour la définition des besoins en eau douce et potable ;
- Identification des infrastructures existantes, des facilités d'accès, de leurs capacités de production et recueil d'informations utiles concernant les types d'infrastructures à mettre en œuvre pour l'atteinte de l'objectif ;
- Élaboration des critères d'éligibilité relatifs au choix des sites devant abriter les unités de dessalement, au choix du tracé du réseau de transport de l'eau et des sites devant abriter les ouvrages de stockage;
- Détermination des coûts du dispositif et de l'ingénierie ainsi que de la logistique sur les sites retenus ;
- Appui à la gestion et à la supervision du projet.

'Sunugal&Africa' Digest, rédigé et formaté, à chaque projetNAICCE & MATICIA, selon les méthodes et outils RSE- Document gratuit

95

LA SOLUTION RESPONSABLE PROPOSÉE

Les coupures récurrentes d'eau dans les cités urbaines, le manque d'eau dans les campagnes et l'accroissement des besoins dû à la démographie galopante et l'essor de l'activité humaine constituent une sérieuse entrave au développement du pays.

L'insuffisance et le manque d'eau dans la zone sahélo-saharienne demeurent une des causes de l'accentuation de la pauvreté et de la famine et des conflits sous diverses sortes

L'étude consiste à examiner la faisabilité de la mise en place des infrastructures de PROJET DE PRODUCTION ET DE TRANSPORT D'EAU DOUCE SUR L'ENSEMBLE DU TERRITOIRE NATIONAL ERYTHREEN, PAR DESSALEMENT D'EAU DE MER

Elle passera en revue les opportunités qu'offre l'accroissement des terres irriguées, dans la consommation de l'eau ainsi produite et transportée sur site

Elle émettra un avis motivé sur le laboratoire de contrôle qualité, et les potentielles industries agro-alimentaires. Une taille juridique sera donnée à la société 'LES EAUX D'ÉRYTHRÉE, pour sécuriser le remboursement de l'emprunt

1. 4. BÉNÉFICIAIRES ET ACTEURS

-        Le Gouvernement qui a reçu mission de conduire la réalisation du présent projet afin d'accroitre, quantitativement, la production, le transport et la distribution de l'eau douce sur l'ensemble du territoire national

-        Les agriculteurs et les industriels ont besoin d'augmenter le nombre d'employés qualifiés au sein de leur structure pour de meilleurs résultats

-        Dans le domaine de la supervision, l'état va aussi veiller au renforcement des capacités des cadres et personnels disponibles dans tous les domaines d'activités liés à la production, le transport et la distribution de l'eau douce ;

-        Les agriculteurs et différents prestataires et fournisseurs des services qui bénéficieront d'une bonne surveillance partout, veilleront à assurer leur production conformément aux lois et règlements pris en référence aux normes et standards internationaux.

Le pilotage du projet : 7

Étant donné que la démarche de l'état se fonde sur les déficiences et la nécessite d'aller à l'émergence, la gestion du Projet sera pilotée par un expert désigné du NAICCE et de MATICIA, en collaboration avec les instances ministérielles concernées.

Le coût, la durée et le plan de financement des études du Projet :

Le coût des études du Projet à exécuter en 6 mois est estimé un million d'euros, avec deux ateliers à savoir un atelier pour la validation du rapport à mi-parcours et un atelier sous-régional de validation du rapport final du projet.

L'OPPORTUNITÉ DURABLE

Leprojet apporte une réponse durable au besoin, en eau douce potable des populations et à l'opportunité qu'apporte la présence de l'eau douce dans les terres arides de l'intérieur de l'Afrique.

Il s'agit de valider la production d'eau douce, en grandes quantités, après dessalement d'eau de mer. Au cout basique de 100 FCFA le m3.

L'impact du projet dans l'économie en Afrique.

La mise en place des infrastructures de production, de transport et de distribution de l'eau douce sur l'ensemble du territoire national permettra aux différents acteurs du secteur agricole d'offrir à leurs clients une production de meilleure qualité à des prix très compétitifs

Cette disponibilité de l'eau douce potable va améliorer profondément le niveau de santé et de vie des populations et la possibilité à exercer des activités rémunératrices.

De ce fait, les Autorités auront en permanence la possibilité de maintenir les compétences requises répondant aux normes internationales de façon à garantir la sécurité alimentaire, partant à recréer un climat de confiance aux populations, consommatrices de l'eau douce potable.

Cette production/transport et distribution de l'eau potable sera un outil par excellence d'intégration sociale et économique en Afrique

'Sunugal&Africa' Digest, rédigé et formaté, à chaque projetNAICCE & MATICIA, selon les méthodes et outils RSE- Document gratuit

96

RUPTURE TECHNOLOGIQUE et SITUATION CONCURRENTIELLE

Une revue et analyse co caractéristiques techniques et indicateurs de performances concurrentielles de maturité technologique, ne sont pas nécessaires, car le matériel et équipement utilisés sont du domaine grand public et ont fait leurs preuves de fiabilité PRO depuis quelques années avec satisfaction (Israël, Maroc)

La concurrence est encore inexistante au regard des sommes à investir, de la nature des travaux à conduire et du volume à produire (transporté et livrée) sur des sites distants.

ACTIFS, DATES 1, CHIFFRES CLES

Avril Mai et Juin Juillet à Décembre 2019	1. Transmission lettre d'intention du Projet . 2. Préparation des documents : Document de présentation du Projet, Business Plan, Manuel des emplois, etc. 3. Ingénierie financière, comptable, juridique, patrimoniale et fiscale 4. recherche partenariats financiers pour la mobilisation des fonds
2020 2021 2022	9. Début des travaux : construction usine de dessalement et pose tuyauterie 10. développement économique selon les paliers de croissance identifiés et qualifiés par ces nouveaux clients 11. lancement phase II et phase III du projet

Le projet est évalué au lancement à un cout global de 875 milliards de FCFA millions de FCFA

La société de gestion EDDE est une SA, au capital social de 50 millions de Fcfa (75000 euros), sera valorisée comptablement et patrimonialement à 200 000 euros, dont 100 % des restera détenu par les fondateurs et les primo-associés.
La part sociale (action) vaut 30 euros

SEGMENTS DE MARCHE

Le marché, des services fournis par EDDE présente des opportunités liées à :
- un monopole quasi étatique des producteurs d'eau douce
- des volontés politiques d'assurer et d'accroitre le niveau et la qualité de l'eau pour satisfaire les besoins croissants des populations.
- une rentabilité quel que soit le prix de vente des services ciblés et des gains (loi des grands nombres) sur le marché.
- la durée pérenne de l'emprunt proposé entre 30 et 50 ans.

Hormis l'Érythrée, où le projet va démarrer, les autres pays de l'Afrique de l'Est (Soudan, Éthiopie, Égypte) sont potentiellement bons pour le développement des activités similaires

ÉTATS & GOUVERNEMENT + ONG
COLLECTIVITÉS TERRITORIALES LOCALES
SOCIÉTÉ NATIONALE DE DISTRIBUTION D'EAU ET NOUVEAUX OPÉRATEURS PRIVÉS
GESTIONNAIRES DES FLEUVES SÉNÉGAL et NIGER
PROPRIÉTAIRES TERRAINS PRIVES

À partir de ces 5 segments de marchés identifiés et qualifiés, on optimise les moyens à mettre en œuvre les objectifs fixés.

CHIFFRES CLEFS PRÉVISIONNELS SIMPLIFIES D'EXPLOITATION

Extrait des Comptes en FCFA

Emprunt : 875
Durée emprunt : 30 ans
Taux de rémunération : 6 %
Annuité ;

Production annuelle : 365 000 000 m^3
Cout unitaire m^3 : 100 FCFA
Recette annuelle : 36,5

98

Rubrique	Montant annuel (milliards FCFA)	Totaux annuels (milliards FCFA)
Totaux charges (Remboursement emprunt et frais de fonctionnement compris)	31,5 30 1,5	31,5
Totaux Recettes	36,5	36,5
Marges	5	5

Les chiffres sur 30 ans

	Rubrique	Montant annuel (milliards FCFA)	Totaux sur 30 ans (milliards FCFA)
Charges	Remboursement emprunt	30	900
	Frais de fonctionnement	1,5	45
	Totaux charges	31,5	945
Recettes	Total recettes	36,5	1095
Marges	Marges brutes	5	110

UNE STRUCTURE ECO-ENVIRONNEMENTALE

Les usines de dessalement fonctionneront à l'énergie solaire et ne produiront pas de rejets hydrocarbonés dans la mer

.

CONTACTS

NINEA : 007232812   RCCM : SN.DKR.2019.A.
Villa 9967 ZONE A GRAND DAKAR DERRIÈRE EL MANSOUR
FIX : (+221) 33 824 38 87 MOB : (+221) 76 358 08 26 & (+242) 06 452 40 04

Projet

Eau Douce D'Afrique Centrale
EDDAC

EAU DOUCE D'Afrique Centrale, est la phase visible, du besoin basique de l'Afrique. Un seul projet, pour sortir tout le continent de la misère et la pauvreté. EDDAC consiste à produire et transporte l'eau douce jusque dans les terres arides de l'hinterland après dessalement d'eau de mer, en grande quantité, un million de m3 par jour.

Constats

L'Afrique, avec sa population, jeune à 60 %, reste le continent de tous les possibles et est le 'futur désirable' de l'humanité.

Dans la problématique de l'atteinte de OMD, de la lutte contre la pauvreté, de l'amélioration du niveau de vie des populations, de la facilitation de l'accès à l'eau et à une eau potable de qualité, ainsi que dans l'intention (et la volonté politique) de faire de l'Afrique, le continent du futur, les pays de la Communauté économique des états l'Afrique centrale (CEEAC) initialisent le présent projet : Eau Douce d'Afrique Centrale - EDDAC.

De toute évidence, il s'agit de :
- Assurer la disponibilité l'eau douce sur l'ensemble du territoire CEEAC
- Rendre potable l'eau douce pour toutes les contrées (villes et villages)
- Amener l'eau douce jusque dans les terres arides de l'intérieur, du Nord Cameroun, Tchad, Nord RC et Sud Soudan Sénégal pour accroître, significativement, les périmètres irrigués
- Planter, quantitativement, des arbres fruitiers et légumes dans les terres ;
- Faciliter et encourager la mise en place de l'industrie agroalimentaire ;
- harmoniser et de standardiser à un haut niveau de qualité, la production agricole des pays de la CEEAC, notamment dans leur partie aride.

Sunugal & Africa' Digest, rédigé et formaté, à chaque projet, par NAIGCE & MATICIA, selon les méthodes et outils RSE -   Document gratuit

1

Le déficit en eau douce potable dans l'immensité de l'espace semi-désertique de la CEEAC reste un facteur de famine, de pauvreté et de sous-développement, mais est peut-être perçu aussi comme un problème principal à résoudre pour des plus grandes plus-values

La CEEAC se propose de mettre en chantier le présent PROJET DE PRODUCTION ET DE TRANSPORT D'EAU DOUCE SUR L'ENSEMBLE DES TERRES ARIDES DES ÉTATS DE LA COMMUNAUTÉ, PAR DESSALEMENT D'EAU DE MER

De ce fait, étant donné que la CEEAC dispose des atouts en termes de littoral (de Douala à Lobito) peut (et veut), s'il est bien organisé et mieux géré, renforcer sa capacité de production et de distribution d'eau douce sur l'ensemble des terres arides ciblées (NordCameroun, Tchad, Nord Centrafrique, Sud-Soudan et Sud de l'Angola

Problèmes à résoudre:

> L'installation de cinq unités de dessalement de 200 000 m³ chacun par jour, soit une capacité d'un (1) million de m³ par site pour un total de trois sites : Kribi, Lobito.
>
> L'installation des infrastructures de transport (pipe-line et maillage du territoire en tuyaux), de stockage (châteaux d'eau et citernes) pour les villages et périmètres agricoles, et des unités de potabilisation de petites et moyennes tailles adaptées à la consommation de chaque agglomération
>
> La création de la société privée de gestion des infrastructures de production et de transport d'eau douce (LES EAUX DOUCES D'AFRIQUE CENTRALE), avec 30 % des parts de capital, détenues par les états.
>
> La signature anticipée, sous la supervision de la CEEAC et les gouvernements des états concernés, du WATER PURCHASE AGRÉMENT, entre la société LES EAUX D'AFRIQUE CENTRALE (un comité de pilotage sera mis en place), les sociétés de distribution actuelles et futures, les collectivités locales, et les banques parties prenantes du montage financier DE LA VENTE DE L'EAU aux grossistes.
>
> La génération d'une politique de PLANTING des arbres fruitiers et des légumes, sur des terres irriguées, cédées en location à des privés, nationaux et étrangers, sur des petites surfaces (un à cinq hectares) et pour des exploitations industrielles sur des étendues de plus de 10 ha.
>
> L'initialisation d'une politique d'accompagnement technique et financière des nationaux dans la création des industries agroalimentaires à base de fruits et légumes
>
> La formation de personnel dans les domaines techniques et en matière de gestion et de leadership. La formation technique et financière pour investir dans les équipements et matériels d'apprentissage de qualité et de production des fruits et légumes, selon les nouveaux standards plus respectueux de l'environnement
>
> La majorité du personnel (agricole) est formée "sur le tas" et ne possède ni les qualifications (nos paysans seront bacheliers) ni l'expérience suffisante (les savoirs ancestraux n'ont pas été transmis aux nouvelles générations)

Problèmes à résoudre:

102

Potentiels bénéficiaires et résultats attendus

Les bénéficiaires du Projet seront :

- Les Gouvernements afin de promouvoir la réduction de la pauvreté du citoyen par l'amélioration de l'accès à l'eau potable ;
- Les sociétés de distribution d'eau (présente et à créer par la libéralisation du secteur de distribution de l'eau, notamment dans les villages de l'intérieur des terres)
- Les collectivités locales et les conseils départementaux par l'accroissement des surfaces et périmètres irrigués par la présence de l'eau douce
- Les riverains du Lac Tchad, dans leurs activités 'agricole et aquaculture'
- Les populations par l'accès facilité à l'eau potable, grâce à sa disponibilité de proximité, à son transport partout
- Les différents acteurs de la vie sociale et économique (prestataires de services) qui bénéficieront d'une meilleure eau (quantitativement livrée et sans délestage, partout pour la conduite de leurs activités

Les résultats attendus de ce Projet sont :

1. Résultats à long terme :

   L'eau douce disponible, en quantité suffisante sans délestage, partout sur les terres arides de la zone CEEAC.
   La CEEAC, dotée des infrastructures de production et de transport de l'eau douce, suite au dessalement d'eau de mer sur trois sites (Kribi, Huambo, Lobito)
   La zone sahélienne de la CEEAC reverdit par des arbres fruitiers
   L'aquaculture, au Lac Tchad et le long des rivières, rendue possible par l'injection d'eau douce, à petites quantités journalières
   La vente de l'eau douce, comme source de recettes
   Une dette pérenne (emprunt 25/30 ans) remboursée par la vente de l'eau
   Une extension du projet à toute l'Afrique de l'est et australe

2. Résultats à moyen terme :

   La CEEAC, dotée d'un outil pour la résolution de l'épineux problème d'approvisionnement en eau douce et potable pour sa population sur l'ensemble des terres arides citées.
   La CEEAC, dotée d'un puissant vecteur de réduction du niveau de pauvreté et des plus-values conduisant à l'émergence

Les principales réalisations du Projet sont les suivantes :

- Diagnostic pour la définition des besoins en eau douce et potable ;
- Identification des infrastructures existantes, des facilités d'accès, de leurs capacités de production et recueil d'informations utiles concernant les types d'infrastructures à mettre en œuvre pour l'atteinte de l'objectif ;
- Élaboration des critères d'éligibilité relatifs au choix des sites devant abriter les unités de dessalement, au choix du tracé du réseau de transport de l'eau et des sites devant abriter les ouvrages de stockage ;
- Détermination des coûts du dispositif et de l'ingénierie ainsi que de la logistique sur les sites retenus ;
- Appui à la gestion et à la supervision du projet.

Sunugal & Africa Digest, rédigé et formaté, à chaque projet, par NAIXXE & MATIXIA, selon les méthodes et outils RSE –   Document gratuit

3

LA SOLUTION RESPONSABLE PROPOSÉE

Les coupures récurrentes d'eau dans les cités urbaines, le manque d'eau dans les campagnes et l'accroissement des besoins dû à la démographie galopante et l'essor de l'activité humaine constituent une sérieuse entrave au développement en zone CEEAC.

L'insuffisance et le manque d'eau dans la zone sahélo-saharienne demeurent une des causes de l'accentuation de la pauvreté et de la famine et des conflits sous diverses sortes

L'étude consiste à examiner la faisabilité de la mise en place des infrastructures de PROJET DE PRODUCTION ET DE TRANSPORT D'EAU DOUCE SUR L'ENSEMBLE DES TERRES ARIDES EN ZONE CEEAC APRÈS DESSALEMENT D'EAU DE MER

Elle passera en revue les opportunités qu'offre l'accroissement des terres irriguées, dans la consommation de l'eau ainsi produite et transportée sur site

Elle émettra un avis motivé sur le laboratoire de contrôle qualité, et les potentielles industries agro-alimentaires. Une taille juridique sera donnée à la société privée, pour sécuriser le remboursement de l'emprunt.

1. 4. BÉNÉFICIAIRES ET ACTEURS

- Le Gouvernement qui a reçu mission de conduire la réalisation du présent projet afin d'accroître, quantitativement, la production, le transport et la distribution de l'eau douce sur l'ensemble du territoire national

- Les agriculteurs et les industriels ont besoin d'augmenter le nombre d'employés qualifiés au sein de leur structure pour de meilleurs résultats

- Dans le domaine de la supervision, l'état va aussi veiller au renforcement des capacités des cadres et personnels disponibles dans tous les domaines d'activités liés à la production, le transport et la distribution de l'eau douce ;

- Les agriculteurs et différents prestataires et fournisseurs des services qui bénéficieront d'une bonne surveillance, veilleront à assurer leur production conformément aux lois et règlements pris en référence aux normes et standards internationaux.

-

Le pilotage du projet :

Étant donné que la démarche de l'état du Sénégal se fonde sur les déficiences et la nécessite d'aller à l'émergence, la gestion du Projet sera pilotée par un expert désigné du CLUB SENEGAL EMERGENT et de MATICIA, en collaboration avec les instances ministérielles concernées.

Le coût, la durée et le plan de financement des études du Projet :

Le coût des études du Projet à exécuter en 6 mois est estimé un million d'euros, avec deux ateliers à savoir un atelier pour la validation du rapport à mi-parcours et un atelier sous-régional de validation du rapport final du projet.

Sunugal & Africa Digest, rédigé et formaté, à chaque projet, par MAIOZE & MATICIA, selon les méthodes et outils RSE -   Document gratuit

4

104

L'OPPORTUNITÉ DURABLE

Le projet apporte une réponse durable au besoin, en eau douce potable des populations et à l'opportunité qu'apporte la présence de l'eau douce dans les terres arides de l'intérieur de l'Afrique.

Il s'agit de valider la production d'eau douce, en grandes quantités, après dessalement d'eau de mer. Au cout basique de 100 FCFA le m3.

Pourquoi se le Sénégal (l'Afrique) se priverait d'un si grand atout, écologique, et accessible à tous à des couts très bas?

L'impact du projet dans l'économie en Afrique.

La mise en place des infrastructures de production, de transport et de distribution de l'eau douce sur l'ensemble du territoire national sénégalais permettra aux différents acteurs du secteur agricole d'offrir à leurs clients une production de meilleure qualité à des prix très compétitifs

Cette disponibilité de l'eau douce potable va améliorer profondément le niveau de santé et de vie des populations et la possibilité à exercer des activités rémunératrices.

De ce fait, les Autorités auront en permanence la possibilité de maintenir les compétences requises répondant aux normes internationales de façon à garantir la sécurité alimentaire, partant à recréer un climat de confiance aux populations, consommatrices de l'eau douce potable.

Cette production/transport et distribution de l'eau potable sera un outil par excellence d'intégration sociale et économique en Afrique.

RUPTURE TECHNOLOGIQUE et SITUATION CONCURRENTIELLE

Une revue et analyse co caractéristiques techniques et indicateurs de performances concurrentielles de maturité technologique, ne sont pas nécessaires, car le matériel et équipements utilisés sont du domaine grand public et ont fait leurs preuves de fiabilité PRO depuis quelques années avec satisfaction (Israël, Maroc)

La concurrence est encore inexistante au regard des sommes à investir, de la nature des travaux à conduire et du volume à produire (transporté et livrée) sur des sites distants.

Sunugal & Africa' Digest, rédigé et formaté, à chaque projet, par NAIOCE & MATICIA, selon les méthodes et outils RSE –   Document gratuit

5

105

ACTIFS, DATES 1 CHIFFRES CLES

Avril Mai et Juin Juillet à Décembre 2019	1. Transmission lettre d'intention du Projet au Club Sénégal Emergent. 2. Préparation des documents : Document de présentation du Projet, Business Plan, Manuel des emplois, etc. 3. Ingénierie financière, comptable, juridique, patrimoniale et fiscale 4. recherche partenariats financiers pour la mobilisation des fonds
2020 2021 2022	9. Début des travaux : construction usine de dessalement et pose tuyauterie 10. développement économique selon les paliers de croissance identifiés et qualifiés par ces nouveaux clients 11. lancement phase II et phase III du projet

Le projet est évalué au lancement à un cout global de 875 milliards de FCFA millions de FCFA

La société de gestion EDDS est une SA, au capital social de 50 millions de Fcfa (75 000 euros), sera valorisée comptablement et patrimonialement à 200 000 euros, dont 100 % des restera détenu par les fondateurs et les primo-associés.
La part sociale (action) vaut 30 euros

SEGMENTS DE MARCHE

Le marché, des services fournis par EDDS présente des opportunités liées à :
- un monopole quasi étatique des producteurs d'eau douce
- des volontés politiques d'assurer et d'accroitre le niveau et la qualité de l'eau pour satisfaire les besoins croissants des populations.
- une rentabilité quel que soit le prix de vente des services ciblés et des gains (loi des grands nombres) sur le marché.
- la durée pérenne de l'emprunt proposé entre 30 et 50 ans.

Hormis le Sénégal, où le projet va démarrer, les autres pays de l'Afrique de l'Ouest sont potentiellement bons pour le développement des activités.

ÉTATS & GOUVERNEMENT + ONG
COLLECTIVITÉS TERRITORIALES LOCALES
SOCIÉTÉ NATIONALE DE DISTRIBUTION D'EAU ET NOUVEAUX OPÉRATEURS PRIVÉS
GESTIONNAIRES DES FLEUVES SÉNÉGAL et NIGER
PROPRIÉTAIRES TERRAINS PRIVES

À partir de ces 5 segments de marchés identifiés et qualifiés, on optimise les moyens à mettre en œuvre les objectifs fixés.

Sunugal & Africa Digest, rédigé et formaté, à chaque projet, par NAIODE & MATICIA, selon les méthodes et outils RSE -   Document gratuit

6

106

CHIFFRES CLEFS PRÉVISIONNELS SIMPLIFIES D'EXPLOITATION

Extrait des Comptes en FCFA

Emprunt : 875
Durée emprunt : 30 ans
Taux de rémunération : 6 %
Annuité ;

Production annuelle : 365 000 000 m³
Cout unitaire m³ : 100 FCFA
Recette annuelle : 36,5

Rubrique		Montant annuel (milliards FCFA)	Totaux annuels (milliards FCFA)
Totaux charges (Remboursement emprunt et frais de fonctionnement, compris)	30 1,5	31,5	31,5
Totaux Recettes		36,5	36,5
Marges		5	5

Les chiffres sur 30 ans

	Rubrique	Montant annuel (milliards FCFA)	Totaux sur 30 ans (milliards FCFA)
Charges	Remboursement emprunt	30	900
	Frais de fonctionnement	1,5	45
	Totaux charges	31,5	945
Recettes	Total recettes	36,5	1095
Marges	Marges brutes	5	110

PALIERS DE CROISSANCE & AUGMENTATION DE CAPITAL

Avril Mai et Juin 2019	Levée de 5000 euros pour acheter 01 unité de matériel e démarrer l'activité
Juillet à Décembre 2019	Levée des fonds 10 000 euros pour acheter 05 unités et démarrer l'activité dans 05 autres pays
2020 2021 2022	Levée de 02 millions d'euros pour démarrer le business Club of Kinshasa

Sunagol & Africa' Digest, rédigé et formaté, à chaque projet, par NAIOCE & MATICIA, selon les méthodes et outils RSE –   Document gratuit

7

107

4. Le moteur de recherche, avec un contenu africain

PROJET PRIVÉ

Matatu

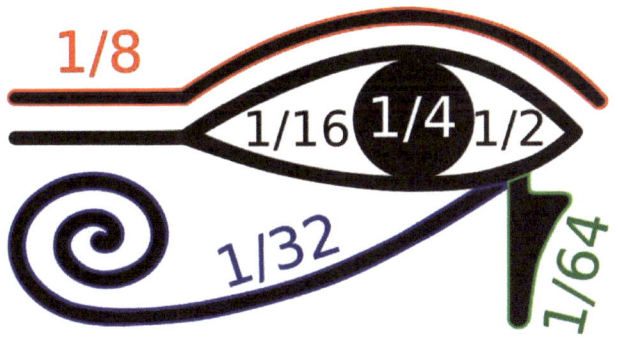

Le mail du moteur de recherche Maat-Matatu

Mmail ou Maatmail

5. L'énorme potentiel énergétique à valoriser

La production d'électricité, écologique, abondante et bon marché.

Nous insistons pour que le volet production d'électricité soit introduit dans le projet. Le temps est venu de construire :

- Le barrage de KOUILOU NSOUNDA et tous les autres petits barrages possibles
- La pose des barrages flottants, tant sur le fleuve Kouilou que sur le fleuve Congo
- La construction du port méthanier, couplé au terminal minéralier prévu dans le projet (exportation du minerai de fer) avec ses aires de stockage ($12/32/64/500$ Gm^3, en provenance de tous les pays producteurs de pétrole du Golfe de Guinée ; Cameroun, Guinée Équatoriale, Gabon, Congo, Angola) et ses $10/20/50$ centrales à gaz de production de 3à 15 GW

L'Afrique (centrale) n'a pas besoin d'importer le danger nucléaire par des centrales nucléaires à des couts exorbitants et même livrées clé en mains GRATUITEMENT.

6. Le raffinage local de tous les minerais

Le modèle économique, d'exportation du minerai brut vers l'occident pour son raffinage et sa transformation en produits finis, date du 19ième siècle et est obsolète à ce jour pour les raisons suivantes :

- Cout de production trop élevé dû au transport sur des longues distances
- Impact environnement trop élevé en temps et en distance
- Très faibles retombées financières et économiques dans les pays d'extraction
- La volonté politique des nouvelles générations africaines de bâtir l'Afrique en conservant le plus possible de plus-values sur le continent

Installation des hauts fourneaux

La Zambie qui raffine déjà 20 % de son minerai de cuivre LOCALEMENT se donne l'objectif de 50 % dans un horizon de 5 ans

Les états (Congo et Gabon) ne peuvent pas venir après et faire 'moins et mal exprès', d'autant plus qu'ils ont des atouts, considérables, comparativement à la Zambie, à mettre en commun, par l'état fédéral, et je cite :

- Possibilité de mutualisation des financements avec le Gabon pour installer les hauts fourneaux afin de

raffiner conjointement le fer extrait au Gabon et au Congo dans les sites les plus proches des lieux d'extraction.
- Possibilité de livrer, aux hauts fourneaux, de l'électricité produite localement (moins de 100 km), écologique, abondante et bon marché
- Possibilité d'installation des laminoirs et aciéries à la suite de la production du fer par les hauts fourneaux
- Installation des industries à base de fer et d'acier, à proximité (rayon de 150 km, centré sur les sites d'extraction des minerais.

Quelques croquis de hauts fourneaux pour fixer la pensée

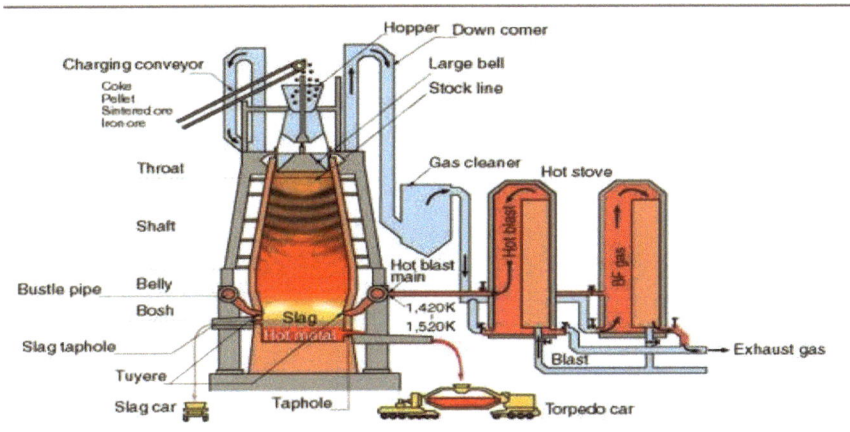

Principe de fonctionnement

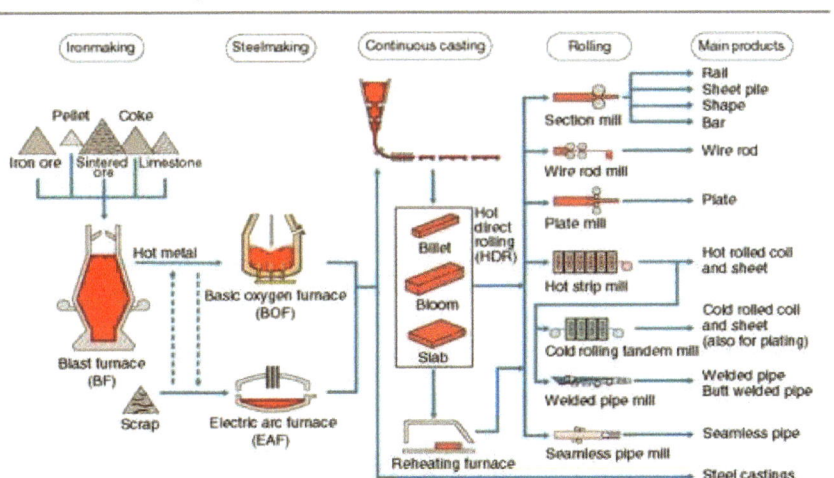

Les retombées en termes d'urbanisation

Cas du projet de la zone urbaine de 150 km de rayon, centré sur la mairie de Pointe-Noire

Il n'y a pas l'ombre d'un doute que le projet SAPRO-MAYOKO dans son volet port / terminal minéralier et port méthanier doit engendrer la nouvelle ville de Pointe-Noire 2

Le premier objectif est de bâtir une nouvelle ville, centré sur ce nouvel aéroport

Les villas de bord de mer, les plus chics et les plus chères du pays

100 km de tramways pour relier la nouvelle ville à l'ancienne ville de Pointe-Noire

Autour du nid (nzita dia nzâ) que sera le nouvel aéroport, sera bâti la nouvelle ville de Pointe-Noire 2, avec ses quartiers (Nsi Mona, BoualaTchipoutou, Cabinda, Bouiti, Lubinou, Bouatchi, Tchimakeka, Kakamoeka), ses autoroutes (Diosso / Dolisie avec une bretelle sur Hinda), son train électrique sur le troisième pont sur le fleuve Kouilou et ses servitudes modernes (université, centre commercial, centre international de conférences et ses hôtels de luxe

Le second objectif est de donner à la zone urbaine de Pointe-Noire (150 km centrés sur la mairie, une piste de 3000 mètres minimum, comme Brazzaville, Ollombo et Ouesso, pour accueillir sans restriction les avions de toute taille en étant certifié

Projet du nouvel aéroport de Tchissanga 'nzita'
Définition des caractéristiques

Piste
Longueur : 4000 / 4500 m
Largeur : 60 m
Accotement : 7,5 m
Prolongement d'arrêt : 250 m (dans les deux seuils)
Réservation : 250 m (dans les deux seuils)
Orientation : 17 / 35 (à confirmer selon les vents dominants sur site)

Bretelles
Quatre, côté nord
- Deux dans les seuils, à 90°
- Une à 2500 m, incliné à 60°, sortie droite, dans le sens AMV
- Une à 1500 m, incliné à 60° sortie droite, dans le sens AMV

Quatre côté sud
- Deux dans les seuils, à 90°
- Une à 3500 m, incliné à 60°, sortie droite, dans le sens non AMV
- Une à 2000 m, incliné à 60° sortie droite, dans le sens non AMV

Voies de Circulation
Une voie de circulation 4000 m, coré nord
Une voie de circulation, côté sud

Balisage de piste
Lumineux HI/BI, avec balle traçante
Diurne, marquage au sol et panneaux phosphorescents

Énergie
Normal / Secours (multi sources, éoliennes, solaire, GE, secteur ville)

Traitements des eaux (usées ou de ruissellement)
Bassins de rétention des eaux de ruissellement (anti érosion)
Centre de traitement et recyclage des eaux usées

Le projet de la nouvelle ville de Pointe Noire 2
Systématisation de la ville

Autour du nid (nzita dia nzâ) que sera le nouvel aéroport
Ses quartiers
Nsi Mona, BoualaTchipoutou, Cabinda, Bouiti, Lubinou, Bouatchi, Tchimakeka, Kakamoeka

Ses autoroutes
aéroport / Diosso : 40 km
aéroport / Dolisie : 150 km, mitoyen et parallèle à la nouvelle voie de Chemin de fer
aéroport / Hindi) : 15 km
Madingou Kayes / Mayumba (Gabon), 250 km avec le pont sur la Noumbi et les villas de bord de mer (boualatchimputu)

Son train électrique sur 120 km, Madingou Kayes / Diosso
Le troisième pont sur le fleuve Kouilou et ses servitudes modernes (université U'TAMSI, centre commercial, centre international de conférences et ses hôtels de luxe

7. Le réseau ferroviaire de 50 000 km construire

Partir du nid (Brazzaville et Kinshasa) et relier toutes les capitales de l'Afrique centrale (N'Djamena, Bangui, Yaoundé, Libreville, Pointe-Noire, Luanda, Bujumbura, Kigali, Juba)
Ce projet à plusieurs variantes permettra de
- réaliser l'électrification des chemins de fer en utilisant notre potentiel énergétique produit par l'ensemble des barrages hydroélectriques, centrales à gaz et autres
Le tracé des nouvelles lignes, la construction des voies électriques et l des gares sot l'objet principal du présent projet. Les nouvelles lignes sont :
>   - Ligne Nord Ouest, 3 600 km ; Kinshasa / Bandundu / Lisala / Gbadolité / Zongo
>   - Ligne Nord Est, 4 000 km ; Kinshasa / Bokungu / Kisangani, Bonalia, Buta, Juba
>   - Ligne Est, 3 500 km ; Kinshasa / Kananga / Kindu / Bukavu / Goma / Kigali
>   - Ligne Sud, 3 500 km ; Kinshasa / Kenge / Kikwit : Tchikapa / Kamina / Lubumbashi
>   - Ligne Ouest, 600 km, Kinshasa / Brazzaville / Pointe-Noire, via le pont-route rails
>   - Ligne Sud Ouest, 1 500 km, Kinshasa / Luanda

Uniquement en l'Afrique centrale le besoin est de 50 000 km de voies ferrées à construire, voire 100 000 km pour toute l'Afrique. Une occasion de demander à la Chine (et/ou le Japon, de monter/assembler les locomotives/wagons, à proximité des sites de raffinage du fer de Mayoko et Owendo, sur le continent.

8. Le Projet du port méthanier au Sénégal à Kaolack

Infrastructures

Côté GNL
- Terminal des bateaux méthaniers du fort tonnage pour une capacité d'un navire tous deux jours.
- Aires de stockage du GNL pour une capacité de 16 à 32 Gm^3
- Centrales à gaz de 300 MW chacun, soit une production de 3 à 6 GW
- Lignes HT/THT de maillage de toute l'Afrique de l'Ouest pour la vente
- Usines de mise en bouteille du GNL à des fins domestiques
- usines des gaz industriels
- Usines de dessalement d'eau de mer et tuyauterie de transport sur 1000 km, avec pose de la fibre optique, pour connecter les pôles universitaires
- Usine de traitement et e recyclage des déchets urbains

Côté port classique
Terminal à conteneurs pour une capacité d'un navire tous les deux jours

Objectifs visés
Création du second port en eau profonde au Sénégal
Disposer des réserves de GNL de 16 à 32 Gm^3
Production d'électricité de 3 à 6 GW et vente par les lignes THT/HI, à créer
Mise en bouteille et commercialisation du gaz domestique et industriel

Production d'eau douce par dessalement d'eau de mer et transport/vente de l'eau

Accroissement des volumes des marchandises transités

9. Le Projet du port méthanier au Congo à Pointe-Noire

Infrastructures

Côté GNL
- Terminal des bateaux méthaniers du fort tonnage pour une capacité d'un navire tous les deux jours.
- Aires de stockage du GNL pour une capacité de 16 à 32 Gm^3
- Centrales à gaz de 300 MW chacun, soit une production de 5 à 10 GW
- Lignes HT/THT de maillage de toute l'Afrique centrale pour la vente
- Usines de mise en bouteille du GNL à des fins domestiques usines des gaz industriels
- Usines de dessalement d'eau de mer et transport dans les terres arides
- avec pose de la fibre optique, pour connecter les pôles universitaires
- Usine de traitement et de recyclage des déchets urbains

Côté port classique
Terminal à conteneurs pour une capacité d'un navire tous les deux jours

Objectifs visés
- Création du second port en eau profonde au Congo
- Disposer des réserves de GNL de 16 à 32 Gm^3
- Production d'électricité de 5 à 10 GW et vente par les

lignes THT/HI, à créer

- Mise en bouteille et commercialisation du gaz domestique et industriel
- Production d'eau douce par dessalement d'eau de mer et transport/vente de l'eau
- Accroissement des volumes des marchandises transités

10. Le Projet des pôles universitaires de l'Afrique

Infrastructures
- Construction de deux pôles universitaires par pays, soit 30 pôles
- Chaque pôle universitaire comprenant plusieurs facultés est pourvu d'un internat de 10 000 places et des logements pour les enseignants
- chaque pôle sera couplé à un MÉDICAL CENTER, entièrement équipé (IRM, Scanner, plateau médical...), avec assurance maladie universelle pour tous.
- Chaque pôle est connecté aux réseaux, Eau Douce, Électricité et fibre optique qui traversent tous les pays de l'Union

Objectifs visés
- Accroitre significativement les infrastructures pour générer l'économie du savoir. dans l'espace USOA
- Accroitre et diversifier l'offre en études universitaires dans l'Union
- Constituer des lieux d'essor de l'activité intellectuelle et scientifique (le creuset de l'intelligentsia)
- Créer des points de consommation de la production agricole abondante réalisée par la présence de l'eau douce partout, jusque dans les terres arides des 15 pays des USOA.
- Ramener 10 %, l'exil estudiantin par l'offre d'un enseignement de qualité et peu couteux, à proximité de nos villes à l'intérieur de l'union
- Valoriser l'intégration sociale par l'échange des étudiants

et professeurs entre toutes les universités à l'intérieur de l'union

- Financer la recherche et soutenir l'innovation, ainsi que la mise sur le marché des technologies

11. Le festival du fleuve Congo, le lien culturel

Ce projet dit PROJET DU FLEUVE CONGO vient consolider le lien culturel des peuples, riverains du fleuve.

Ce projet consiste à :
- installer les équipements de contrôle de la circulation fluviale sur les 4 500 km de long du fleuve Congo et de ses affluents navigables

- acquérir les matériels et engins pour assurer et garantir la navigabilité sur le fleuve dans les couloirs aménagés et entretenus en toutes saisons

- réaliser les infrastructures de développement des contrées situées le long du fleuve ;
        - pose des barrages flottants pour apporter l'électricité produite sur place, au fil de l'eau en exploitant le fort débit du fleuve.
        - pose des bornes de recharge électrique, multi sources
        - déploiement des équipements CORs ; Services GNSS, données MTO
        - construction et réhabilitation des ports fluviaux secondaires
        - déploiement des 'bornes médicales numériques' de consultation
        - etc

- lancement du FESTIVAL DU FEUVE CONGO, une fois par an, durant dix jours (du 15 au 25 mai). Un évènement culturel qui fait dire les proverbes et taper le TAM-TAM de Kinshasa à Kisangani (et de Bôlôbo à Gemena, et encore de Mandombé / Luwozi à l'embouchure)

Une idée/initiative, chère au chercheur historien Arsène Francoeur NGANGA, pour affirmer le lien culturel qui unit tous les riverains de ce grand boulevard qu'est le fleuve (proverbes traditionnels, Us et Coutumes) chants, musique

12. L'apport du secteur aviation civile à l'intégration du continent

Depuis des décennies, le transport aérien africain fait face à de nombreux défis.

	Défis	Projets pour corriger
1	La faiblesse de la desserte aérienne	Projet de leasing et de maintenance des avions sur le continent pour encourager la création des compagnies aériennes
2	Le niveau de sécurité et de sûreté	Interconnexion des aérogares des aéroports avec le logiciel de reconnaissance faciale Projet des nouveaux « control X» des bagages assurant leur traçabilité du départ jusqu'à l'arrivée
3	Infrastructures en deçà des normes OACI	Plan d'équipements des aérodromes secondaires Plan de mise aux normes des infrastructures des aéroports
4	Insuffisance de personnel qualifié	Plan de formation du personnel DAC
5	libéralisation complète des services de transport aérien à l'intérieur du	Plan de survie des structures nationales dans le processus de

	continent africain,	libéralisation
6	le libre accès au marché	Adapter la législation existante à l'ouverture du marché du transport aérien en Afrique
7	les droits complets de trafic de 1ère, 2ième, 3ième, 4ième et 5ième libertés pour les services.	Adapter la législation existante à l'ouverture du marché du transport aérien en Afrique

Au rang de ces défis, on note la faiblesse de la desserte, les niveaux de sécurité et de sûreté en dessous de la moyenne mondiale, des infrastructures pauvres qui ne correspondent pas aux normes de l'OACI et l'insuffisance de personnel qualifié.

Depuis 1970, la BAD œuvre dans le sens de relever ces défis. Elle a contribué notamment par le concours au financement de 49 opérations dans le secteur du transport aérien. Les opérations de la Banque incluent notamment la construction de 14 nouveaux aéroports, la réhabilitation ou la reconstruction de 19 aéroports (y compris l'installation d'équipements d'aide à la navigation).

L'Afrique du Centre fait partie, aujourd'hui, des régions les plus défavorisées dans l'industrie du transport aérien africain et mondial.

La politique de libre circulation des personnes et des biens, préconisée par la ZLEC, devrait entrainer une mobilité accrue des 440 millions d'habitants d'Afrique de l'Ouest et du Centre.

Les deux régions sont également productrices de denrées périssables à forte valeur ajoutée (poissons, fruits, légumes, fleurs). Celles-ci doivent être transportées par avion-cargo vers les pays industrialisés.

L'Afrique est une opportunité, le continent de l'avenir de l'Humanité où des possibles sont dans un futur immédiat désirable, porteurs de fortes croissances. On peut citer
Ciel unique en construction
Marché du transport aérien ouvert sur 55 états couvrant 30 millions de km^2
Création d'un centre de leasing des avions, Boeing et Airbus
Mise en place d'un atelier de maintenance avion, A, B, C, et D
FUNSU NZINGA, rendu possible par l'installation des hauts fourneaux de raffinage du fer en acier, aux couts de production les plus bas au monde grâce à la proximité des lieux d'extraction et à la production d'électricité abondante et bon marché

Les 'désirables et possibles' de l'aviation civile sur le continent

1. Les projets de mise en œuvre du ciel unique africain

Projet 'Interconnexion et interopérabilité des réseaux' de tous les fournisseurs de services de navigation aérienne en Afrique
Le premier pas du ciel unique, est faire dialoguer,
au niveau technique, tous les réseaux des différents ANS PROVIDERS du continent.
L'ASECNA et ATNS ont commencé un programme commun,
à étendre aux autres (Nigeria, Angola, RD Congo, Maghreb)

Projet équipements des aérodromes secondaires de tous les pays africains

Projet de formation et de renforcements des capacités du personnel des DACs

Résorber les trous de sécurité aérienne découlant de l'insuffisance des équipements dans les aérodromes secondaires

former suffisamment le personnel des DACs afin de diminuer les zones de non-compétence.

Le second pas

Projet satellite télécommunications aéronautiques pour le ciel unique africain

Projet fibre optique d'interconnexion de tous les aéroports du continent

Un projet commun, un réseau de satellites
 pour toutes les télécommunications aéronautiques du continent

Le satellite commun + le satellite du NIGERIA en secours 1 + le satellite de l'Angola en secours 2

la fibre optique d'interconnexion de tous les aéroports du continent en secours 3

FUNSU NZINGA, base de lancement des fusées ou l'industrie spatiale en Afrique

Extraction du minerai de fer et d'aluminium à 300 km (Mayo ko, Owendo, Mfouati) de la base de lancement

Raffinage du fer, de l'aluminium et de l'or, sur des sites à proximité des gisements d'extraction

Production d'électricité, écologique, abondante et bon marché

dans un rayon de 500 km de la base de lancement
 1200 MW de Kouilou Sounda, 3000 MW de 10 centrales à gaz,
2 GW de INGA III
Industries à base d'acier
Fabrication des satellites

CENTRE D'ENTRAINEMENT DES COSMONAUTES en Afrique
AU Tibesti tchadien, Faya Largeau et à SARAYA / Kédougou (Sénégal)

2. Projets de l'ouverture du marché du transport aérien en Afrique

Projet fibre optique d'interconnexion de tous les aéroports du continent
L'échange des données de sécurité et de sureté,
La fourniture et l'installation des nouveaux "control X" des bagages,
avec étiquetage en reconnaissance faciale du passager

Projet Navigation par Satellite - GNSS
La navigation par satellite concerne aujourd'hui tous modes de transport
Sa mise en œuvre sur le continent avait déjà été actée par l'UA

Projet pôles de leasing des avions
Projet centre de maintenance des avions, certifié
Projet fonds de financement du leasing des avions

Projet assurances des avions sur le continent
Le marché de l'avion (leasing, maintenance, assurances, appui au financement)
présente de fortes perspectives de croissance, notamment
dans la conservation des plus-values des assurances avion en Afrique

Projet modification de la législation des pays pour la validation de l'ouverture du marché du transport aérien en Afrique
Élaborer une seule législation, en fusionnant les textes (épars) de chaque état,
pour faciliter et fluidifier le trafic a&rien du continent,
 en se passant des lourdeurs administratives des DACs

Projet de construction des infrastructures commerciales complémentaires
pour Maya, l'extension de l'aérogare, le village aéroportuaire et la clinique des urgences aéroportuaire
pour Agostino Néto, la zone fret aérien, l'hydrant, et la clinique des urgences
afin d'accroitre les recettes domaniales de la concession.
Les tarifs des services aériens, rendus par le concessionnaire seront revus à la baisse
 pour atteindre les prix 'low coast' des billets passagers sur le continent

Projet des raffineries dans tous les pays producteurs du pétrole brut.
Le prix du kérosène reste une dépense élevée dans les couts d'exploitation des compagnies aériennes
Les pays d'Afrique, producteurs peuvent fournir un carburant peu cher (-21 %) en disposant des raffineries

Projet absence de visa et passeport commun unique pour les Africains (acté le 21 mars 2018 à Kigali)
Free Moving - Free Seating - Free Trading
sans visa pour les Africains ou passeport commun unique, pour toute l'Afrique
comme une condition de libre circulation des personnes et des biens dans la ZLEC

3. Projets de flight simulateur dans les 55 aéroclubs du continent

4. Projet de l'école de pilotage à proximité du centre de maintenance avion

5. Projet de l'université de la météorologie des pays du bassin du Congo (université privée)
L'agrométéorologie et toutes les branches de la météorologie
Connectée à l'Agence Spatiale à Libreville

6. Projet des métiers du Transport aérien, à proximité du pôle de leasing des avions

7. Projet clinique d'urgence des aéroports et flotte des avions médicalisés

13. Plan KRUMAH pour l'Afrique : base de l'État Fédéral Africain

Rubriques	Actions	Justificatifs et montants
Eau douce potable	Poser des usines de dessalement d'eau de mer 5 unités de 200 000 m^3, par site 20 sites (Nouadhibou, Nouakchott, Saint Louis, Kaolack, Ziguinchor,...) Transporter l'eau, de la mer aux terres arides de l'intérieur du continent Vendre l'eau douce pour rembourser l'emprunt Pouvoir planter quantitativement les légumes et les arbres fruitiers de la sécurité alimentaire Mettre les fruits et légumes en conservation longue durée par des industries agroalimentaires	Lutte contre la famine, la sécheresse, la pauvreté, et les guerres de l'eau en Afrique. 94 milliards d'euros à mobiliser pour toute l'Afrique dans une dette pérenne de 50 ans
Déchets urbains	Installer des centres de collecte, traitement et recyclage des déchets des villes, déversées dans les rivières, fleuves et océans	Un business privé à rentabiliser par la vente des produits recyclés et les contributions citoyennes de 1 dollar par bimestre et par individu

Rubriques	Actions	Justificatifs et montants
Énergie électrique	Production d'électricité, écologique, abondante et bon marché	30 milliards d'euros
	Barrages hydroélectriques (Inga III, Kouilou Sounda, Kassaï I & II)	Rentabilité par la vente de l'électricité
	Pose des hydroliennes, sur les 2 rives, des 4000 km du fleuve CONGO	par PPA, payable d'avance, à
	Production d'électricité, par GNL, à travers l'extinction des torchères des plateformes pétrolières ; 3 à 5 GW par pays producteur de brut	travers un montage financier où il n'y aura pas d'arriérés à recouvrer
	Pose des lignes HT/THT de transport/distribution/vente de l'électricité dans toute l'Afrique	
Raffinage des minerais, localement avant leur exportation	Installation des hauts fourneaux, aciéries et laminoirs dans la région entre Owendo (Gabon) et Mayoko (Congo), à proximité du site d'extraction des minerais	Production locale afin d'aider à l'implantation des industries à base d'acier

Rubriques	Actions	Justificatifs et montants
Le réseau ferroviaire est à construire	Primo : relier le Pool Malébo (Brazzaville et Kinshasa) à toutes les capitales de la CEEAC (Libreville, Brazzaville, Bangui, N'Djamena, JUBA, Kigali, Bujumbura, Lusaka, Luanda) ; 50 à 100 000 km de voies ferrées à poser, Secundo : relier Dakar à Addis Abeba, en desservant au passage Bamako, Ouagadougou, Niamey, Diffa, Maïduguri, N'Djamena, Juba. des embranchements sur Ziguinchor, Bissau, Conakry, Abidjan, Lomé, Cotonou, Lagos	Dans un premier temps, les locomotives, les wagons et les rails viendront de Chine Dans un second temps, il sera envisagé leur fabrication sur le continent, notamment entre le Congo et le Gabon, à cause du minerai de fer et des laminoirs/aciéries qui seront installés non loin des sites d'extraction L'électricité écologique et bon marché, produite localement permettrait des coûts de production les plus bas au monde.

Rubriques	Actions	Justificatifs et montants
Le tout électrique dans le transport en Afrique, trains, voitures, bateaux, taxis et drones	L'introduction des voitures et trains électriques, dès 2020, dans la ZLEC est un atout économique et un enjeu de lutte contre la pollution de l'air. Les fabricants pourraient introduire la Renault Zoé, sous licence, et après développer leur propre modèle, à coût départ usine de 5 000/ 6 000 euros, après avoir organisé le réseau de distribution des pièces de rechange, du ramassage des batteries usagers et de l'installation des bornes de recharges multi sources dans le continent. La troisième génération des voitures sera fabriquée localement suite au raffinage des minerais et à l'abondance de l'électricité bon marché Les drones taxis auront leurs places, après l'énoncé des lois et règlements de leur usage comme aéronefs par l'aviation civile L'Afrique sous équipée se débarrassera aisément de ses modèles à combustion fossile si le partenariat privilégié saisit l'opportunité	Remplacement des modèles à combustion fossile par le tout électrique et modèles à hydrogène

Rubriques	Actions	Justificatifs et montants
Le business de l'aviation civile dans la ZLEC	Si la Chine a commandé 150 Airbus pour ses besoins propres, l'Afrique peut se doter de 100 Airbus supplémentaires et exploiter le marché intérieur de l'Afrique Ainsi, un atelier de maintenance sera implanté sur le continent à cet effet Elle pourra prendre la gestion de la concession des aéroports du continent en y apportant des nouveaux équipements de contrôle passagers (interconnexion des aéroports e échange de données "passage des frontières" à temps réel) La mise en orbite d'un satellite permettrait de fusionner les ANS PROVIDERS du continent et de baisser de moitié les redevances aéronautiques	L'Afrique est une opportunité avec l'ouverture du marché du transport aérien et la construction du ciel unique africain

141

Rubriques	Actions	Justificatifs et montants
L'économie du savoir et du numérique	Sur 5 années successives, la Chine devra former un minimum de 55 000 étudiants africains, soit 1000 par pays, pour compenser le déficit croissant de pertinence technique que subit l'Afrique dans toutes les spécialités Un effort sera entrepris de construire 5 à 10 pôles universitaires par pays, afin de fixer la jeunesse sur leur site de villégiature Les pôles universitaires emblématiques tels que l'école de toutes les branches de la météorologie ou l'université des sciences et métiers de conservation des écosystèmes forestiers seront prioritaires Toutes les villes d'Afrique seront câblées en fibre optique et le remboursement sera garanti par une gestion privée	Le transfert des savoirs et des technologies peut se conjuguer avec écologie

Rubriques	Actions	Justificatifs et montants
La conservation des écosystèmes forestiers	La présence de l'eau va permettre de reboiser toutes les savanes et les terres arides Seuls les arbres plantés seront coupés pour les besoins de l'industrie Les arbres des forêts naturelles seront interdits à la coupe pour la conservation des écosystèmes forestiers En copiant sur le CANADA et avec l'aide de la Chine, on pourra cultiver le poisson de mer, par aquaculture, le long du littoral, du continent Les laboratoires de réensemencement des espèces en surconsommation seront mis en place pour aider à l'élevage du poisson de mer et d'eau douce	Dès aujourd'hui, et en urgence, il nous faut nettoyer la planète, recycler nos déchets urbains et toxiques et enfin réensemencer les mers et les forêts par des espèces en surconsommation

Rubriques	Actions	Justificatifs et montants
Constitution des réserves d'or de toute l'Afrique	Un appel à l'épargne publique et privée, à travers une initiative privée, pour faire cotiser (une prise d'actions), chaque citoyen africain, à un montant de (01) un dollar par jour, durant dix (10) ans. Les réserves d'or seront constituées à une quantité de dix mille (10 000) tonnes d'or par pays en dix ans, pour cinq pays producteurs d'or au minimum, soit 50 000 tonnes	L'état fédéral africain doit se doter de sa monnaie propre, qui sera fondée sur ses réserves d'or et des devises, à constituer Une mobilisation de 50 000 000 kg x le prix du kilo de l'or

Dédicace

À Simon KIBAMGU, mort en prison pour avoir osé dire que nous étions des hommes et les blancs et les noirs devraient fraterniser

Aux Africains, noirs, appelés à sortir de l'esclavage moral et mental, de la poursuite effrénée des biens du monde, et à bâtir sur leur continent, l'avenir désirable de l'humanité

A

YÄH NEGHOST, un Anzimba des 'Akoua', devenu, meilleur qu'il ne l'était hier.

MAME HULO GUILLABERT, pour son militantisme panafricain, Mame Africa

CLAUDE ARTHUR LEWONA, pour la réflexion sur la globalité

Chloé de Bangui, née ZOUGARANI NGOMBET

Bibliographie

Article Wikipédia

- Le nombre et la spirale, d'Or
- Constitution des USA
- Hymne à Aton

Du même auteur

- **Intelligence économique dans les pays d'Afrique,**
  Edilivre Mai 2018

- **La France, plurielle et métissée, championne du monde,**
  Edilivre, sept 2019

- **L'avenir désirable de l'humanité. L'Afrique,**
  Éditions Diasporas noires, 2019

- **The desirable future of humanity. Africa,**
  Édition Diasporas noires, 2019

- **Changement global au pays des NgalaKongo,**
  Edilivre, mai 2019